朝日新書
Asahi Shinsho 591

日本「一発屋」論

バブル・成長信仰・アベノミクス

原　真人

朝日新聞出版

まえがき――安倍政権は「一発屋」か？

世の中には「一発屋」と呼ばれる人がいます。芸能界やスポーツ界などの大舞台で、一瞬の輝きを見せたり、一時だけ脚光を浴びたりしながら、その後は鳴かず飛ばずになってしまった人たちです。

たとえば、「一発屋芸人」と呼ばれるお笑いの世界の人たちの名をざっと挙げてみましょう。「ゲッツ！」が決めゼリフのダンディ坂野、「フォー！」と叫んだレイザーラモンHG、「そんなの関係ねぇ！」を連発した小島よしお……。そういえばそんな芸人もいたなあ、と多くの人が懐かしく思い出すことのできる面々です。なにしろ、どの芸人も最も売れていたころには、小学生たちが一発芸のモノマネを競ったり、それをネタにしたテレビCMが流されたり、その姿をテレビで見かけない日はありませんでした。

ただ、今その名を聞けば「最近はすっかり見かけなくなったね」という感想がついて回るにちがいありません。あっという間に有名になり、そしてあっという間に人気に陰りが出てテレビで見かけなくなる。そんな旬のきわめて短い元売れっ子たちこそが一発屋です。昨年（2015年）、芥川賞を受賞した又吉直樹さんの、お笑いの世界を描いた小説『火花』にもそんな一発屋芸人たちが登場しました。

最近、日本という国が、この「一発屋」のなれの果てになってしまったのではないかと思うことがあります。かつて日本は、奇跡的なスピードで戦後復興を成し遂げ、敗戦からわずか四半世紀で世界第2位の経済大国となり、「ジャパン・アズ・ナンバーワン」と世界から称賛され、バブル経済のピーク時には、アメリカさえも上回る世界一の豊かさを手に入れた気になりました。いまの日本、とくに政治経済の指導者層には、その栄光のときがいまだに忘れられない人が多いのだと思います。安倍晋三首相もそのひとりです。ひたすら「もっと経済成長を」と求め続ける安倍政権の基本認識は、おそらくそこにあるのではないでしょうか。

夢よもう一度

安倍政権の経済政策アベノミクスとは、いわば「バブル再燃政策」と言えるかもしれません。黒田東彦《はるひこ》総裁ひきいる日本銀行とともに財政と金融政策の「エンジン」を思い切りふかす。「名目成長率3％、実質成長率2％、インフレ率2％」という目標を達成して意図的にバブルをつくる。すると、またあの栄光の時代、景気の良かった日本、世界から一目置かれる経済大国ニッポンがよみがえる——。そんな発想です。

しかし、それは自らの実力も、世間の客観評価もわきまえない、身の程知らずのシナリオだと言うほかありません。日本は本格的な人口減少社会となり、超高齢化時代を迎え、国民の平均年齢は40代半ばとなっています。消費も投資もかなり成熟した社会です。東京タワーがまだ建設途上だった昭和30年代の高度成長時代を描いた映画『ＡＬＷＡＹＳ 三丁目の夕日』のころのように、「きょうよりは明日のほうが豊かになる」と信じながら働き、消費する時代とはちがうのです。

にもかかわらず「バブル再燃で日本を再興する」という発想は、「世の中で流行する一発芸をまた出して、もう一度売れっ子になる！」と意気込む、売れなくなった一発屋芸人と同じです。ただ、芸人ならば自分の人生を賭けて、そういう勝負をする選択もありうるでしょう。しかし、時の政権がそんな危なっかしい国家運営をしていたら1億2700万人の国民の生活はきわめて不安定なものになりかねません。

安倍政権が誕生した当初は、アベノミクスは世界の経済専門家たちの注目を集めました。それまで10年間以上、日本は世界から〝パッシング〟（素通り）される、存在感が薄い国になりかかっていたのですが、久しぶりに世界から注目を浴びたのです。それを経済政策の成功への道と勘違いしたまま、安倍政権はバブルを追いかけ、成長信仰を強めるという誤った道を歩みつつあります。

しかし近い将来、この政策で蓄積されたリスクがどこかで破裂し、国民生活にひどい災厄を招く可能性が高いのではないかと私は思います。日本にはいまの日本の身の丈に合った経済政策というものがあるはずです。超高齢化と長生き大国の日本は、総人口の４人に1人、３４００万人が65歳以上の高齢者です。80歳以上の人口は１０００万人を超えました。このシニア大国という特徴を生かして、政府は社会制度の設計をやり直し、企業は市場戦略を練り直すことこそが、いま必要なことではないでしょうか。

日本が生き残る道

超高齢化も、そして人口減少も日本の衰退を示す現象だと捉えられがちです。しかし、発想を転換すると、違う眺めが見えます。今後数十年以内に、アフリカを除く世界のほとんどの国が人口減少に転じ、超高齢社会となります。つまり世界中の国々がこれからまちがいなく経験することになる道を、日本はいち早く走ることになるのです。このトップランナーとしての強みを生かす国家戦略、企業戦略を練り上げることこそが日本が生き残る道であり、世界のなかで存在感を発揮することにつながるはずです。

そのためには地道に年金、介護、医療などの社会保障のあり方、制度を見直していくことが必要です。企業はこれまでの発想を転換して製品やサービスを開発し、新たな客層を開拓しなければなりません。いずれも骨の折れる仕事です。きっと試行錯誤も繰り返さねばなりません。失敗することもあるでしょう。しかし、そういう努力が明日の日本を切りひらく力になる試みだと思います。アベノミクスでバブル経済が再来し、一発で日本の成長力が高まる、というような安易な発想では日本の未来は描けません。

日本には知恵も、技術も、底力もあります。いまさえ良ければ、という誤った経済政策は、そうした強みを磨き、鍛え、発展させようという意識をスポイルしてしまう恐れがあります。

日本には、その面の強みがたくさんあります。たとえば、世界に広がる「和食」ブームもその一つです。和食の実力は、ミシュラン三つ星の最多取得国として味の面からも折り紙つきです。

さらに和食を支える日本農業は、競争力がないどころか、秘めたる可能性のある産業です。生産量では国土の広い米国や豪州にとてもかないませんが、品質に裏付けられた単価でかなりの強みが発揮できると思われます。さくらんぼやメロン、ぶどうなどの高級果物、霜降り牛肉などで、すでに世界のグルメたちをうならせ、実力を証明したものも少なくありません。日本の国土は南北の気候の差が大きく、農地の標高差も1000メートルほどあります。そこで展開される農業は実に多様性があって、世界の人々の好みにこたえられるさまざまな農産品が提供できる潜在力があるのです。

鉄道も世界のモデルです。新幹線だけではありません。日本の鉄道のすごさは、スピードや安全性のみならず、正確で高度な運行技術にあります。電車が時刻表通りに運行するのが当たり前の国は、世界でも日本とスイスだけ、と言われます。まして東京のようにJRと私鉄と地下鉄がこれほど複雑に乗り入れ、かつ正確に運行されている国は日本以外にありません。だから、都市人口が集中する北京や上海の鉄道関係者たちが日本を目標に整備を進めているのです。こうしたさまざまなシーンに根付く日本の知恵や技術を長い目でどう育てていくのかが大事なのであって、ドカンと一発、財政や金融政策で花火を打ち上げることは、日本の停滞の本当の打開策にはならないのです。

一発屋と言われた芸人でも、その後も堅実に仕事を続けている人たちもいます。たとえば、ギターの伴奏に合わせて「なんでだろう〜、なんでだろう〜」と歌い踊る芸で一世を風靡《ふうび》したテツandトモのコンビは、いまも全国各地を営業で回って大人気だそうです。自らの得意芸を磨き、息の長い仕事、地道な営業活動で少しずつファンを開拓し続けたその努力が彼らを生き残らせたのでしょう。そういう姿勢こそ、今の日本が見習うべき戦略、戦術ではないでしょうか。

日本の潜在成長率、つまり成長の実力はいまや0・5％以下と言われています。これを気前のいい財政、異常な規模の金融政策で無理やり名目3％以上に高める道より、0・5％成長でもやっていける社会制度、税制や予算制度を設計するほうがよほど建設的ではないでしょうか。

40年後に日本の人口は今より3000万〜4000万人減ると予測されています。その人口減少分を移民政策で埋めるより、人口減少時代に備えてインフラ投資のリストラをしたり、住宅供給計画の見直しを進めたりするほうが、ずっと前向きな国家戦略と言えるのではないでしょうか。

しかし、安倍政権はいまだに「バブルよ、もう一度」「力強い成長よ再び」という姿勢です。安倍首相が選挙などで好むキャッチフレーズに「日本を取り戻す」があります。おそらく経済面では「強い経済の日本」「ジャパン・アズ・ナンバーワンと言われた日本」をもう一度、というニュアンスがありそうです。「昔は良かった」と感傷にひたるだけならまだしも、本気で高い成長率を求めた政策をやろうとするなら、とんでもないことです。「成長なくして財政再建なし」「成長なくしてデフレ脱却なし」と言うのは、もっともらしく聞こえますが、「成長」はどんな手段を使っても高いほうがいいわけではなく、その国の成熟度にもっとも適した水準というものがあるはずです。安倍政権とそれをとりまく経済ブレーンの専門家たちの考えはあまりに成長信仰に偏りすぎています。それこそが「一発屋」的な体質と言ってもいい。

それは「亡国の経済政策」とみなすべきでしょう。安倍政権や黒田日銀によって、いま何が進められ、この先に何が待っているのでしょうか。歴史の教訓から読み取れるものは何か、そして、成長という呪縛にとらわれず、日本が本来の実力を発揮してこれからも輝き続けるにはどうすればよいか。この本で順を追って考えてみたいと思います。

日本「一発屋」論　バブル・成長信仰・アベノミクス　目次

まえがき――安倍政権は「一発屋」か？　3

序章　「一発屋」になった日本　17
1　ちゃぶ台返し、首相の「新しい判断」　18
2　「アベノミクスのエンジンをふかす」ために28兆円　22
3　財政ファイナンスの末路――ハイパーインフレ　25
4　アベノミクスの原点　30
5　トランプ現象のように、世界に広がるアベノミクス　33
6　歴史と現実が警告する「国家の破局」　38

第1章　高度成長「巨大な一発」の幻影　49
1　消費増税先送りという無責任　50
2　前借り経済の危うい未来　55
3　アベノミクスはバブル製造政策　61
4　「リフレ」とは経済のギャンブル化　65

5 「リフレ派教祖」クルーグマン教授の路線修正 71
6 アベノミクスを評価する学者、否定する学者 76
7 トリクルダウンの妄想 82
8 幻影を追う政権と経済界 85
9 借金大国の未来 88
10 「異論排除」の官邸主導人事 94
11 鳴らなくなった警報装置 97

第2章 黒田日銀、失敗の本質 101

1 非論理的な「異次元緩和」 102
2 マイナス金利導入と「インパール作戦」 106
3 サプライズという「一発芸」の連発 114
4 景気と株価の逆転現象 118
5 最有力メガバンクの反乱 122
6 世界の中央銀行が2派に分かれて論争 127

7 「有事の円高」が覆い隠す円暴落のリスク 131
8 総括的な検証――「量」から「金利」へ 135
第3章 バブル経済の正体 145
1 バブルという「一発屋の時代」 146
2 江戸時代にもあった? アベノミクス 152
3 大蔵省と日銀の大罪 156
4 バブル世代とデフレ世代 161
5 消えたはずの不動産神話 165
6 「日本化」する中国 170
7 バブルの前には〝危機〟がある 174
第4章 一発屋からの脱出 179
1 「四半期決算化」するニッポン 180
2 東日本大震災の復興が、なぜバブル化したのか 186

3　難題をたな上げする「空気」　191
4　勝算ゼロで「一発」に賭けた旧日本軍　195
5　世界的な「一発屋ブーム」　198
6　国家が衰退するとき　203
7　「ミダス王」とデフレ経済学者　208
8　「長期停滞」のなかで生きる術《すべ》　213
おわりに――「財政破綻」という怪獣　221

図表作成／師田吉郎
写真／朝日新聞社

序章　「一発屋」になった日本

1　ちゃぶ台返し、首相の「新しい判断」

「一発屋」の面目躍如は、ブームに乗っているときには、本人の芸の未熟、あるいは才能のアラを覆い隠してしまうくらい勢いにまかせて演じ切ってしまうこと、観る者を知らず知らずのうちにムードに乗せてしまうことでしょうか。安倍晋三首相の記者会見にもそんなところがあります。

２０１６年６月１日の記者会見がそうでした。安倍首相は２０１７年４月に予定されていた消費税率10％への引き上げの延期を発表しました。会見内容はといえば、かなりツッコミどころ満載の内容でした。なにしろ首相の説明は、公約違反、前言撤回、開き直り、論理矛盾、手前勝手……などなど、おかしな説明のオンパレードだったのです。

たとえば、こんな発言がありました。「雇用も増え、中小企業の倒産も減り、アベノミクスは順調に結果を出しています」

ふんふん、ならば経済が好調なのだから消費増税も予定通りできるはずだよな、と思いながら聞いていくと、「延期すべきである。そう判断しました」と言います。しかも、「現時点で（延期の条件としていた）リーマン・ショック級の事態は発生していないのは事実」とも認めました。ではアベノミクスはうまくいっていない面もあるということですよね？　消費増税もそれで延期するくらいなのだから、政策のあり方を修正すべきですよね？　そんな疑問がわいてきます。

ところが、首相の話はどうもちがった方向に展開されていきます。安倍首相はこう強調するのです。「これまでのお約束とは異なる『新しい判断』です」

秩序も信用もひっくり返す言葉

これはすごい言葉……というより、ひどい言葉です。これまでの日本の教育の常識、ビジネス界の常識、ご近所づきあいの作法などこの国のあらゆる秩序、もっと言えば「信用」のちゃぶ台をひっくり返してしまったような言葉でした。

安倍首相は2014年11月に最初に消費増税を延期した際、「再び延期することはない。ここでみなさんにはっきりとそう断言する」と公約しました。そして10％への引き上げを1年半延期し、それを国民に問うのだと言って衆院解散にまで踏み切りました。その解散理由にもなった公約を覆し、再延期するというのは並大抵の神経ではできないことでしょう。これだけの公約違反をどう説明するのか、なかなか難しいだろうと私も首相の説明を注目していました。

首相がまず会見で持ち出したのは「世界経済のリスク」でした。

しかし、この主張は会見の直前、伊勢志摩で開かれた「主要7カ国首脳会議（G7伊勢志摩サミット）」で各国首脳から「世界経済危機と同列に扱うのはいかがか」と否定されて引っ込めたはずです。それを再度持ち出した上でさらに続けて、増税延期の根拠を「これまでの約束とは異なる『新しい判断』だ」と言ってのけたのです。

これがまかり通るなら、期限までに指示されていた仕事を終えられなくなった部下は上司に対して「新しい判断でその仕事は後回しにしました」と言えばいいし、企業は製品の納入が大幅に遅れたって「新しい判断で期日を遅らせました」と説明すればすむことになります。

子どもたちだって学校で宿題を忘れて先生に怒られても、「新しい判断で宿題は後回しにしました」と言い逃れできるかもしれません。社会常識を超越したこんな言葉がまかり通るなら、世の中は成り立ちません。

そういうレベルの放言を一国の首相が、それも日本中が注目する大きな記者会見の場で、堂々と使ったのです。クリエイティブディレクターの箭内道彦《やないみちひこ》さんはこの首相会見について次のように指摘しています。

安倍さんは「どうせ伝わらない」とあきらめているのでしょうか。伝わらない不安があるから強い言葉を使うのかも。自分が批判の矢面に立って前に進むしかないと、間違ったとも言える腹のくくり方をしているようにも見える。

（中略）こうして新聞やテレビで首相の「約束」が守られない部分がクローズアップされれば、増税延期自体の是非をそれぞれが考える以前に、国民は不安になっていく。国民にとっても政治にとっても、不幸なことです。尊敬しあいたいですよね、国民と為政者とは。

（「朝日新聞」２０１６・６・２）

これほど問題のある説明を大事な記者会見の場で、しれっと言えてしまう。それが「一発屋」的な政治家・安倍首相の〝強み〟とも言えるのかもしれません。

2 「アベノミクスのエンジンをふかす」ために28兆円

消費増税再延期を発表した首相会見で、もう一つ、重要なツッコミどころがありました。それは「アベノミクスのエンジンを最大にふかす」という説明です。

アベノミクスについての世論の評価は政権発足の当初の勢いを失い、このところ失速気味ではあります。理由についてはいろんな説明ができるでしょう。雇用や所得の面ではたしかに改善傾向を示す経済指標が出ていますが、質が伴っていないという批判があります。一部の人に恩恵が偏っている、という不満も増えているようです。株高になっても潤っているのは投資家だけ、大手企業のベースアップが続いても中小零細企業の賃上げは出遅れている、という理由です。このため2016年7月の参院選でも野党各党は「アベノミクスの失敗」を政権批判の材料にしました。

にもかかわらず、安倍首相があえて「エンジンを最大にふかす」と言ったのは、そうした批判意見を完全に黙殺したということでしょう。批判には耳を傾けず、「うまくいっている」という支持者の言葉だけに耳を澄ませ、「ご支援のようにがんばります！」と言っ

1 28兆円の経済対策の主な内容(2016年8月発表)　単位：兆円

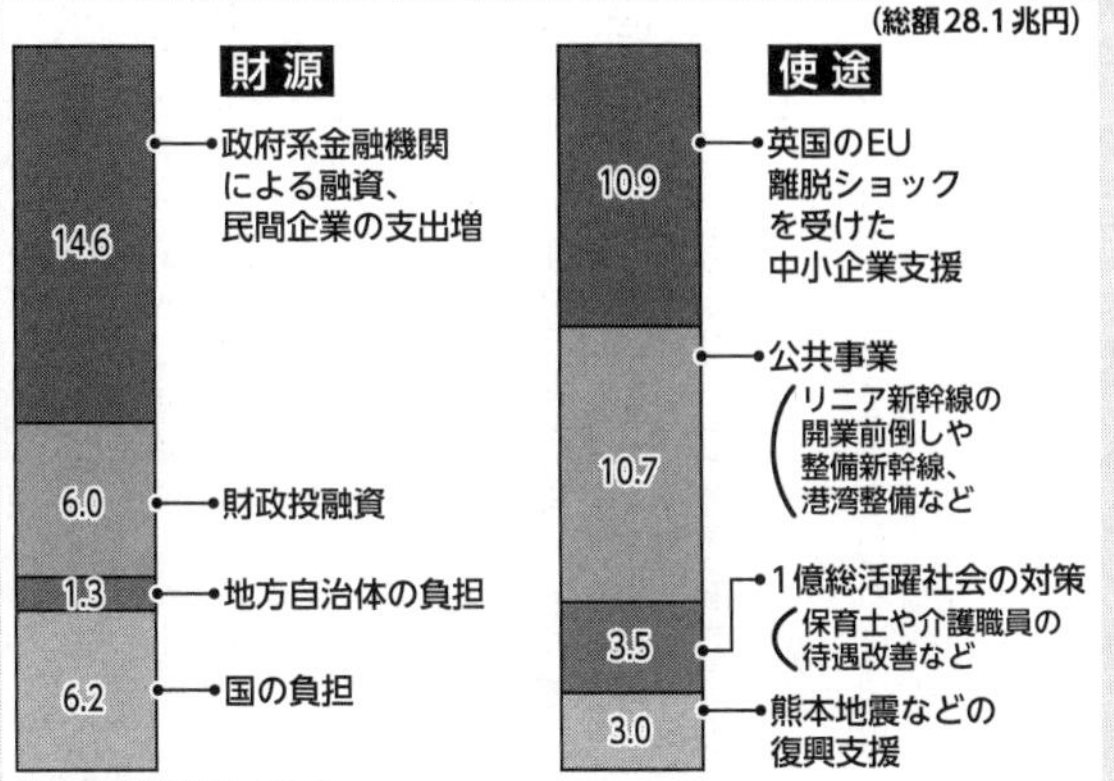

(政府発表資料をもとに作成)

ているようなものです。それも「ロケットが大気圏から脱出する時のように、最大限にふかす」とまで言いました。

トンチンカンな宣言

「エンジン」の手始めが、2016年8月に決まった事業費総額28兆円にのぼる経済対策です。このうち公共事業を中心とする国と地方自治体の負担、それと財政投融資などを合わせた「財政措置」は13・5兆円。いまの日本の財政力からすれば、まさに最大限にエンジンをふかした予算です。かき集められる財源はすべてかき集め、盛りに盛った経済対策と言えます（**図表－1**参照）。

政府が予算を増額するのを歓迎する人は

いても、反対の声はあまり目立たないものですが、いまの経済環境でこれだけの規模の経済対策が必要なのかと言えば、かなり疑問があります。景気はそれなりに安定しているのに、大型対策を打つ必要があるでしょうか。

本来、政府が経済対策を実施するのは、主に次のようなケースです。

第1に、予期せぬ経済ショックが生じたときに危機を回避する手段として。第2に、景気循環の好不況の波をならすために、将来使う財源を前倒しして使うとき。第3に、何らかの事情で雇用環境が急速に悪化して、一時的に失業者が増えているとき。

ところが、いまは経済危機に陥っているわけでもなければ、何らかの事情で一時的に需要が急にしぼんでもいません。失業者があふれているわけでもありません。この時点での完全失業率は21年ぶりの低さであり、有効求人倍率も初めて全都道府県で1倍を超えるようになりました。質はともかく、需給上の雇用環境はかなりいい状態です。経済対策で雇用の受け皿を新たにつくらなければいけない状態ではないのです。それどころか、政府が新たに人手を集めるような事業をやったら、ただでさえ人手不足が問題になっている業界にとっては迷惑千万です。

それに、言うまでもなく経済対策に使われる兆円単位のお金の財源は税金です。あるいは将来の税金を担保にした政府の借金です。無駄づかいしている余裕はいまの日本の財政にはないはずです。「アベノミクスのエンジンを最大限にふかす」という説明はそんな経済事情からはありえない、トンチンカンな宣言です。

3　財政ファイナンスの末路——ハイパーインフレ

事業費総額28兆円の政府の経済対策をめぐっては、メディアの関心は規模が大きいか小さいか、あるいは効果的な政策が盛り込まれているかどうか、といった点に向けられました。もちろん、それも大事です。ただこの経済対策について言えば、もっと重大な論点、歴史的節目となるような問題点があったと思います。それが何かと言えば、日本がいよいよ「財政ファイナンス」という禁断の領域に足を踏み入れつつあるのではないかということです。そのことの深刻さに、私たちはもっと目を向けるべきです。国民がもっとそこに関心をもつべきだと思いますし、私たちメディアももっと声をあげ、警鐘を鳴らさなければいけないという思いを強くします。

「財政ファイナンス」とは、政府が財政赤字を民間から借金してまかなうのでなく、中央銀行に穴埋めさせることです。中央銀行に紙幣をどんどん刷らせ、それをそのまま国家財源に充《あ》ててしまうのです。同じような言葉としては「ヘリコプターマネー政策」というのがあります。中央銀行が無制限に紙幣を刷って、政府を通じて国民にお金をばらまくことです。まるで空からヘリコプターでお金をばらまくように、という意味です。

いずれにしても、そんな都合のいい政策がうまくいかないことは、誰しも想像がつくでしょう。そんな楽な財政が通用するなら、政府の財政運営なんて楽なものです。苦労して国民に不人気な増税なんてする必要はないし、財務省がさまざまな歳出要求に対してダメ出しする必要もありません。予算がほしいという要求は全部引き受けても、日銀に紙幣を刷ってもらえば何とでもなります。

しかし、うまい話には必ず落とし穴があるものです。甘い誘惑に乗れば、必ずどこかでしっぺ返しをくらうのが世の習いです。

100兆ドル！　ジンバブエ・ドル紙幣

財政ファイナンスがどのような末路をたどるかと言えば、ハイパーインフレ（超インフレ）です。いくらでも刷り増しできる紙幣の価値がないことに多くの人が気づいたときに

100兆ジンバブエ・ドル紙幣。日常の買い物に使われた

は、通貨円の価値は暴落するでしょう。1ドル＝100円ほどのレートが数百円、数千円の円安となれば、輸入物価が急上昇します。その結果、消費者物価が何十倍、何百倍にもはね上がり、国民は物不足で困窮することになります。

私の手元に、以前、ジンバブエ出張帰りの方からお土産にいただいたジンバブエ・ドル紙幣があります。「1」のあとに「0」が14個並んでいます。パッと見では、いくらの紙幣なのか即座に言えません。これが2000年代に年率数億パーセントのハイパーインフレを記録したジンバブエの100兆ジンバブエ・ドル札です。いまは流通停止となっていますが、同国ではムガベ大統領のもとで経済政策が失敗し、財政が破綻。中央銀行が財政赤字穴埋めのために紙幣を乱発した結果、ハイパーインフレとなりました。紙幣乱造の末路は、ケタが数えられないほど多いお札の束で日常の買い物をしなければいけない世界です。

こういう経済の惨状は途上国だけのものではなく、経済政策を誤れば、先進国でも同じことが起きることは歴史が証明しています。有名なのが第一次世界大戦の敗戦国ドイツです。戦時国債の乱発、敗戦後の紙幣の大量発行の結果、ジンバブエとほぼ同じようなハイパーインフレを引き起こしました。こうした歴史的教訓を受けて、世界中のまともな政府、まじめな中央銀行は財政ファイナンスを自らに禁じています。

怖いのは、あからさまな財政ファイナンス、絵に描いたようなヘリコプターマネーでなくとも、なし崩し的に、そして知らず知らずのうちに、そうなってしまうことです。税金によらない、見かけ上は〝タダ〟のお金を政府がばらまいてくれれば、誰だって飛びつきたくなるものです。その危うさに気づかないまま、誘惑に負け、それに依存するようになるかもしれません。そうこうしているうちにその心地良さから抜け出せなくなるのです。いずれ財政が破局を迎えるそのときまで……。先進国で最悪の財政状態にある今の日本で、それほど景気が悪いわけでもないのに、気前よく28兆円の景気対策に乗り出す政府……。これも、そういう動きの一種ととらえたほうがいいのではないでしょうか。

このところ、世界の金融市場ではヘリコプターマネーが話題の的です。とくにその実践の場として取り沙汰されるのが日本です。日本政府や日銀がそういう政策をとるのではないかというのです。いや「アベノミクスで日本はすでにヘリコプターマネーを採用ずみ」という見方だって少なくありません。

ヘリコプターマネーが膨張すれば

これは恐るべきことです。金融市場が期待する「先端的な経済政策」を日本が真っ先にやっているなどと考えたら、大まちがいです。日本の経済政策がそこまでおかしなものになっている、と市場から見下されていると考えたほうが無難でしょう。

この現状に、古巣である日銀の現状を憂える岩村充《みつる》・早稲田大大学院教授が大胆な提案を発表しました。日銀がもつ国債の「永久債化」の提案です。日銀が保有する400兆円を超える国債の一定部分を、返済の満期を定めず、塩漬けしてしまおうというのです。つまり政府は日銀から「あるとき払いの催促なし」の借金ができるということを意味します。

岩村教授は言います。「今のまま、実質的なヘリコプターマネー状態がなし崩し的に膨張していけば、財政と金融がさらに溶け合ってしまう。それだと、いわゆる信認崩壊というショック症状で突然死するリスクが大きくなってしまいます。そんな取り返しのつかない事態になったら大変でしょう?」

一見するとヘリコプターマネーを追認するモラルハザード（道徳や倫理の欠如）の案のようです。それでも、あえてこの案を出すのは、まずこれまで見えにくかったリスクをあぶり出すこと。そのうえで、あらかじめハイパーインフレに備えて日銀が世に放出した巨額マネーの回収手段を確保しておくこと。それが岩村教授の狙いです。現状がヘリコプターマネーだとはっきり認めることで、初めて危機をやわらげる手段を真剣に考えておこうという機運が生まれるだろうという発想です。

こういう暴論、極論と遠ざけてきたものも、この際、本気で検討せざるを得なくなってきたような気がします。そう考えると、いまの日本の財政と金融が置かれている状況がますます恐ろしくなります。

4　アベノミクスの原点

そんな市場の見方を裏付ける動きが現実に起きています。安倍政権が28兆円の経済対策を打ち出すと、すぐ黒田東彦《はるひこ》日銀総裁が「ポリシー・ミックスだ」と言って、株価対策と思えるような追加緩和で呼応したのです。

思い出してもらいたいのは、第2次安倍政権が誕生した2012年12月の総選挙です。まだ野党・自民党の総裁だった安倍氏は、全国での遊説で「国土強靭化《きょうじんか》のためのインフラ整備の推進」を唱えました。その財源について、こう説明したのです。「輪転機をぐるぐる回して無制限にお札を刷る」「建設国債は日銀に全部買ってもらう」と。それは明らかに財政ファイナンスそのものです。

この説明はのちにアベノミクス3本の矢のうち、1本目「大胆な金融政策」、2本目「機動的な財政政策」へと、もっともらしく言い換えられました。とはいえ、財政ファイナンス的な発想に変わりなく、それこそがアベノミクスの原点です。

残ったのは1000兆円の借金

政権発足から2週間ほどでまとめた2013年1月決定の10兆円経済対策も、まさにその発想にもとづくものでした。1年分の公共投資予算額に匹敵する対策を盛りこみ、財源は建設国債の増発で調達しました。同時に、日銀に金融緩和を強く求め、日銀は大量の国債を買い支え続けることを約束しました。

この「政策セット」は、その後しばらく棚上げされました。2013年4月から始まった黒田日銀の異次元緩和が円安・株高をもたらしたと評価されるようになり、無理に財政出動をせずとも、金融緩和だけで経済効果が期待されたからです。しかし、最近は異次元緩和に限界説や弊害論が出てきて、再び財政ファイナンスの出番が巡ってきたのです。

28兆円という大きな対策予算にするよう最初に首相に働きかけたのは、内閣官房参与の藤井聡・京都大大学院教授と言われています。藤井氏は15兆～20兆円規模の補正予算を求めて安倍首相や二階俊博総務会長（当時）ら自民党幹部を説得して回りました。藤井氏といえば4年前、自民党が打ち上げた「国土強靱化計画」を最初に唱えた〝生みの親〟です。

こうした経緯からも、安倍首相が参院選で宣言した「アベノミクスのエンジンをふかす」とは、その政権発足時の「原点」に立ち戻るという意味だと考えられます。政府が公共事業を中心に財政をふかし、日銀がお札を刷ってその財源を支える。首相が政権交代の総選挙で唱えて回った財政ファイナンス構想が、いま息を吹き返してきています。

1990年代に、日本政府は公共事業を軸に経済対策を頻発しました。バブル崩壊後の経済停滞がそこまで長びくとは考えず、一時的な不況を一時的な需要創出でしのごうとしたのです。しかし、それはごく短期の景気は浮揚させたものの、構造的な日本経済の調整を進めることはできず、その後の停滞が長引きました。そうして日本国民に残されたのは1000兆円を超える膨大な政府の借金と、「失われた20年」と呼ばれる、長い長い低迷だったのです。

日銀が安倍政権の僕《しもべ》となって、ヘリコプターマネーで財政拡大に乗り出せば、一時的には国民をハッピーな気分にさせられるかもしれません。しかし、そんな一発勝負のギャンブルをやっても、国民生活の幸せは実現できるわけがありません。むしろそんなことをやっていたら、次にやってくる日本経済の調整は「90年代の失敗」どころではすまなくなるでしょう。

5 トランプ現象のように、世界に広がるアベノミクス

安倍政権がアベノミクスの成功を喧伝《けんでん》するうえで、もっとも頼りにしてきたのが株高です。歴代政権のなかで安倍政権ほど株価重視の政権はありません。アベノミクスは、突き詰めて言えば「いかに株価を上げるか」という政策だと言ってもいいかもしれません。安倍政権は内閣支持率に敏感な政権ですが、それと同じくらい株価を政権運営の判断基準に

しているのではないかと思います。

問題は最近の株式市場が「正常な体温計」ではなくなっていることです。その理由は日銀の異次元緩和や年金積立金管理運用独立行政法人（ＧＰＩＦ）による株式運用の大幅拡大で、金融市場に巨額のお金が流れていることです。株式市場には政府・日銀によって投入されるお金が常に安定的に入ってくるので、株価は上ぶれしやすく、投資ファンドなどもそれを材料に買いを進めることが増えています。いわば政府・日銀の介入が市場の機能を阻害しているわけです。

円安・株高の実態

そんな株価重視の安倍政権のもとで、平均株価が一進一退を繰り返すようになった２０１６年は「アベノミクス変調の年」と言っていいのではないでしょうか。

政権発足当初、「アベノミクスが成功した」というイメージが広がったのは「円安・株高」が理由でした。それは安倍政権の経済政策、なかでも首相の意を受けて始まった「黒田日銀の異次元緩和の効果が大きい」という見方が定着しています。それは安倍政権には都合のいい見方ですが、実態は少し違います。

そのとき円安・株高をもたらした最も大きな要因は米欧経済の回復です。安倍政権が発足する直前の2012年秋、外国為替市場ではすでにドル高とユーロ高が進みはじめていました。リーマン・ショック以来、低迷していた米国経済がいよいよ本格的に立ち上がり始め、ドル高へと市場の流れが出来つつありました。また、ギリシャをはじめとする南欧諸国の債務危機に足を取られていた欧州経済も債務問題に一応のめどがつき、復調の兆しが出てユーロ高が見込まれていました。

ちょうどそのタイミングで安倍政権が誕生しました。そのときには、すっかりドル高、ユーロ高と、それに伴う円安の環境が整っていたのです。黒田日銀の異次元緩和が始まる2013年4月を待たずに、為替相場は大きく円安ドル高に動きました。

つまり「アベノミクスの成功」を演出したのは日本の経済政策ではなく、世界経済の変化だったのです。その世界経済が再び停滞を始めたことで、実はアベノミクスは本当の大きなエンジンを失うことになりました。そのさなかで開かれたサミットの場で、安倍首相が他の主要国の首脳たちに対して財政出動を促し、いけずうずうしく「世界にアベノミクスを広げる」と言ったのはブラックジョークのような話です。いや、別の視点で見れば、あながち見当違いと言えないかもしれません。アベノミクスが究極のポピュリズム（大衆迎合路線）エコノミクスだとすれば、たしかにこれからアベノミクスが「世界に広がる」可能性は十分あるからです。

米国ではドナルド・トランプ氏が共和党の大統領候補になりました。欧州ではフランスでマリーヌ・ルペン国民戦線党首、オランダでヘルト・ウィルダース自由党党首らの極端な右派が、イタリアでビルジニア・ラッジ・ローマ市長、スペインでパブロ・イグレシアス・ポデモス党書記長ら極端な左派が台頭しており、政権をうかがっています。極右と極左、主張は違いますが、共通しているのは既得権益層への批判、従来の政策の否定です。職を失い、苦しい生活をしている人々の不満が移民排斥へと向かうのは、移民に「職を奪われている」という理由です。同じように反グローバリズムもそうした新興勢力の支持理由になっています。自由貿易が新興国からの輸入を通じて、自分たちの雇用を奪っている、という主張です。

国は違ってもこうした指導者たちは「負担は小さく、分配を大きく」という大衆の要求に我々こそがこたえるのだと競っています。そのような「いいとこ取りの政策」を採用しても早晩破綻することは明らかです。

ポピュリズムのトップランナー

ただ、ふと日本のことを思い返すと、まさにアベノミクスこそ「いいとこ取りの政策」だと思い至ります。たしかに安倍首相の主張には、表向きトランプ候補や欧州の極右・極左政党党首らの主張ほどの過激さはないかもしれませんが、こと経済政策について言えば、近年盛り上がってきたポピュリズムの政治潮流のトップランナーに位置しているのではないかと思うのです。

そもそもポピュリズムが台頭した底流には、格差に対する不満、移民に仕事を奪われる不安などがありました。その背景にあるのは何と言っても低成長です。2008年のリーマン・ショックに端を発する世界経済危機までは、欧米もそれなりの経済成長をしていました。全体のパイが拡大しているときには、不満や不安は小さなもので済みました。ところが昨今のような低成長、ゼロ成長時代が長引くと、貧困転落への不安が増して、わずかな格差も不満のタネになってしまいます。そうした蓄積が政治的なメッセージに引き寄せられ、世界中で新たな政治勢力の台頭を招いているのではないでしょうか。

つまり欧米で起きている社会の不安定化の原因が低成長だとすれば、1990年代から長らく低成長が続いた日本は、とっくに経験ずみのことなのです。米国のトランプ現象やサンダース・ブームもそうです。安倍首相が「長期デフレを脱却する」と言ってアベノミクスのようなリスクの大きな政策を掲げて登場したとき、日本の有権者の多くは歓迎しました。大胆な政策を掲げる政治家ほど、「いまの停滞を打ち破ってくれるかもしれない」という大衆の期待に訴えるのでしょう。そういう意味でなら、アベノミクスが世界に広がる、という安倍首相の見立てもあながち間違いではありません。

6　歴史と現実が警告する「国家の破局」

歴史が教えてくれる教訓はたくさんありますが、「歴史が刻んだ数字」というものも能弁に真実を伝えてくれます。このグラフを見たときに、強くそう思いました。それは日本政府の債務残高の国内総生産（ＧＤＰ）に対する比率の推移のグラフ（40～41ページの**図表1-2**）です。最近の数字だけではなく、日清戦争のころから１００年以上にわたる推移が示されています。

グラフをご覧ください。右肩上がりの折れ線が二つ示されています。左側が戦前のもの、右側が戦後の数字です。まるで相似形ですね。戦前と同じ財政現象がまさに現在進行形で私たちが生きる世界で起きているのです。財政赤字が拡大して、それにともなって借金が累増していく図です。ただ、戦前と戦後ではその要因が異なります。戦前は軍事費の膨張が主因であり、いまは超高齢化にともなう社会保障費の膨張と、それに見合う国民負担を先送りしていることこそが理由です。それにしても、とてもよく似た上昇ペースです。

気になるのは、左側の戦前の折れ線が1944（昭和19）年で途切れていることです。理由はもちろん翌1945（昭和20）年の敗戦です。とはいえ、敗戦だけで借金の山が消えたわけではありません。ここで打ち止めとなったグラフは「日本政府の財政破綻」を示しています。注意しなければいけないのは、この財政破綻が「敗戦」という言葉ひとつで片付けられてしまい、そこに至った理由が分析されたり反省材料にされたりすることがほとんどないことです。

「出口戦略」を描いていた高橋是清

実はこの軍事予算の拡大のきっかけになったのは高橋財政でした。ダルマ宰相こと、高橋是清です。犬養毅内閣で大蔵大臣となった高橋は軍事費の膨張による財政悪化をしのぐ

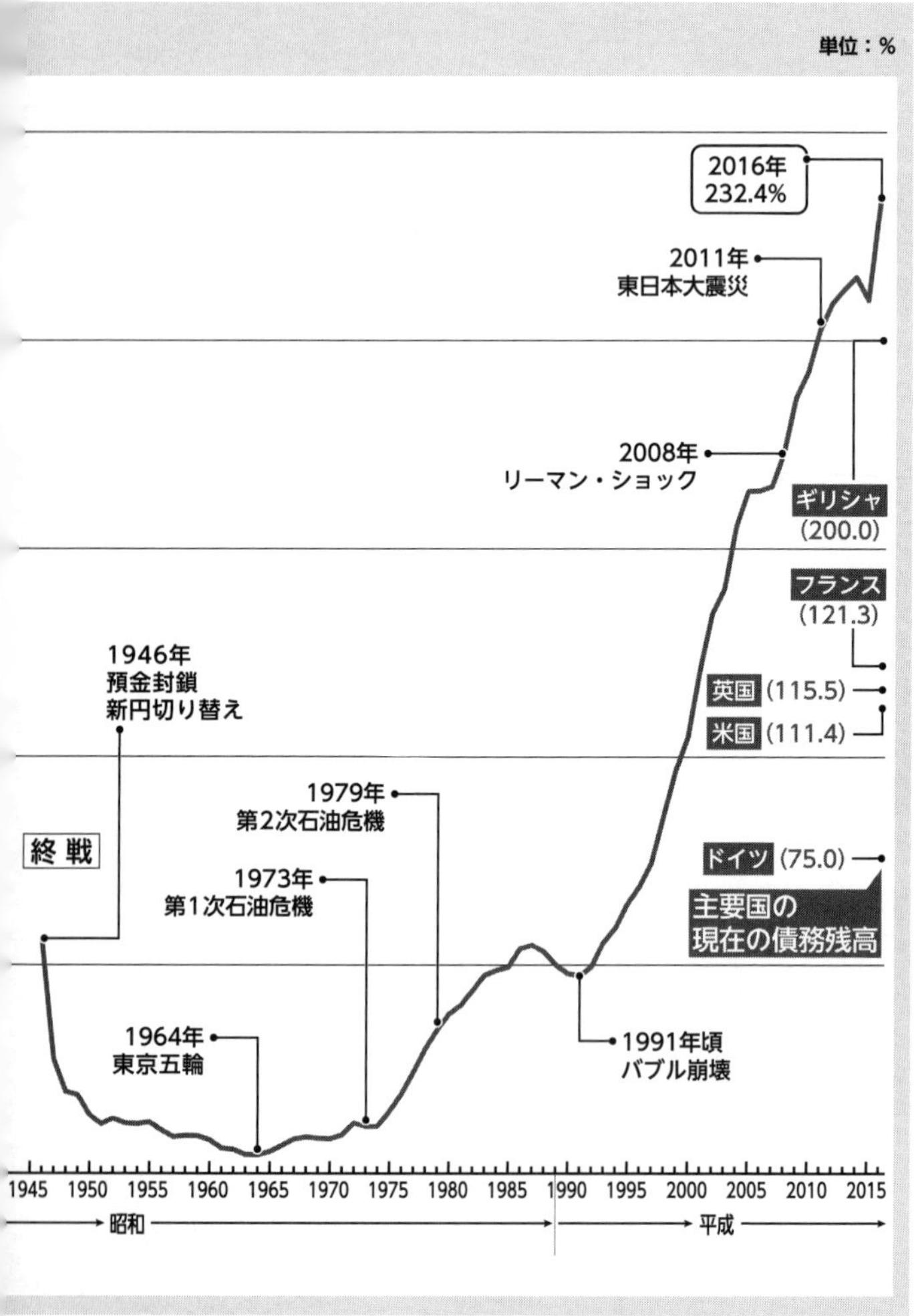

単位：%
2016年
232.4%
2011年
東日本大震災
2008年
リーマン・ショック
ギリシャ
(200.0)
フランス
(121.3)
英国 (115.5)
米国 (111.4)
1946年
預金封鎖
新円切り替え
1979年
第2次石油危機
終戦
1973年
第1次石油危機
ドイツ (75.0)
主要国の
現在の債務残高
1964年
東京五輪
1991年頃
バブル崩壊
1945 1950 1955 1960 1965 1970 1975 1980 1985 1990 1995 2000 2005 2010 2015
昭和
平成

2 政府債務残高（対GDP比）の歴史的推移

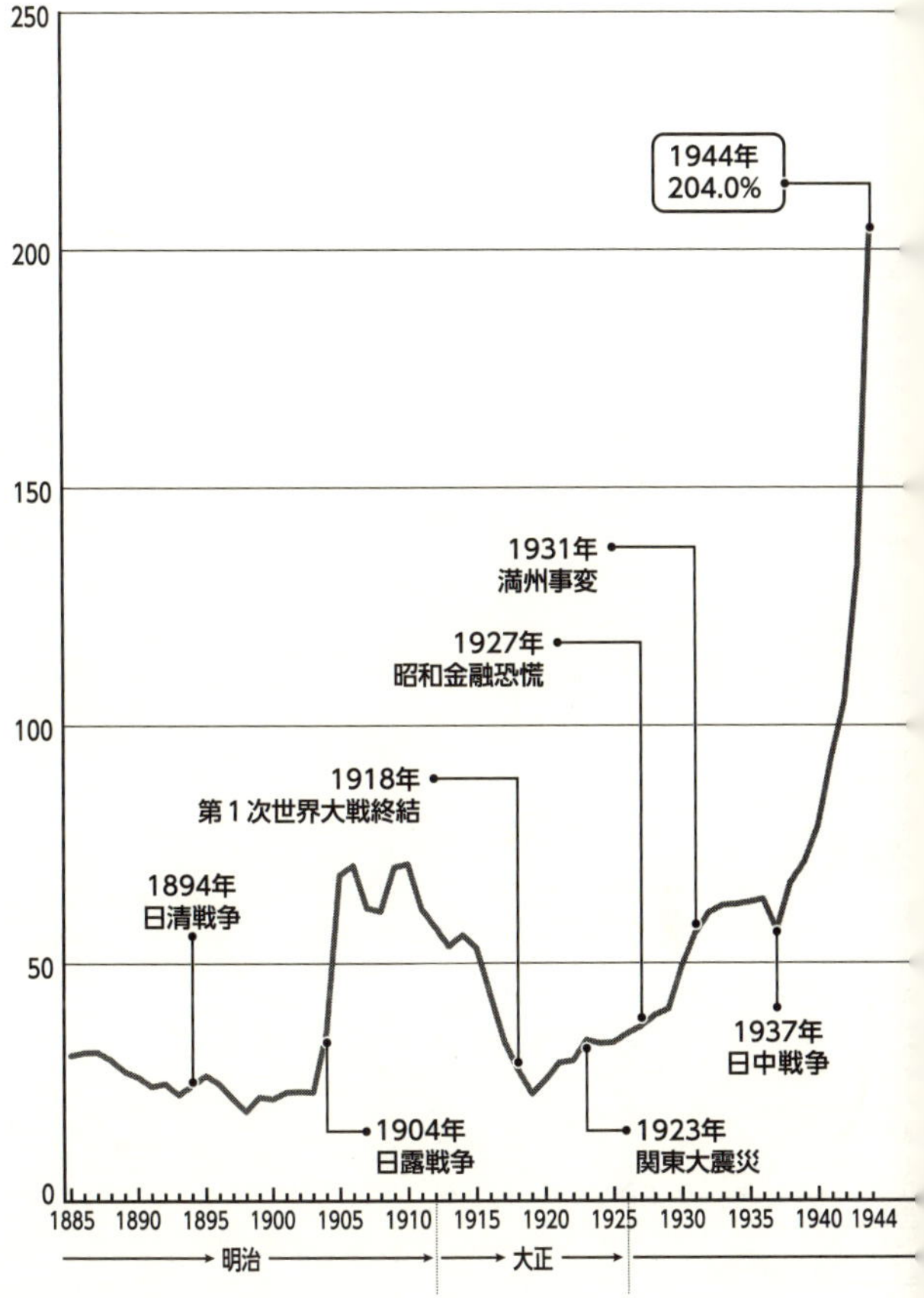

（財務省などの資料をもとに作成）

ため、一時的に日銀に国債を引き受けさせる「財政ファイナンス」に手を染めました。ただ、その危うさをよく知る高橋はそこからの「出口戦略」も描いていたようです。そのために軍事費の削減に乗り出します。それが軍部の恨みを買い、二・二六事件で暗殺されてしまったのです。高橋なき財政ファイナンスの様子を端的に表しているのが、このグラフの左側の折れ線、右肩上がりの急上昇です。日本は太平洋戦争に突入し、戦費調達のため債務が膨れあがりました。

さて右側の折れ線のほうに目を転じると、2016(平成28)年に債務比率は232・4%となっています。つまり日本政府の借金はGDPの2・3倍もある、ということを示しています。数年前に事実上の財政破綻をして再建途上にあるギリシャでも2・0倍、米国やドイツ、英国、フランスなど他の先進国は0・8~1・2倍ほどです。日本は先進国でダントツの借金大国なのです。理由こそ違え、GDPの2倍を超える借金の末路は財政破綻しかないと、このグラフは語っているように思えます。

国債相場について「日本国債を買い支えているのは国内投資家だから、売り浴びせられることはない」という見方があります。そんな甘い見方に冷や水を浴びせたのが、2016年夏、銀行最大手の三菱東京UFJ銀行が、国債の安定的な引き受け先となる「国債市場特別参加者（プライマリー・ディーラー）」という資格を国に返上した件です。マイナス金利のもとで国債を持ち続ける負担を避け、国債相場の急落にも備えた動きと見られています。日本を代表する銀行でさえ、日本国債が信用できないと思えば、いつでも資金を引き揚げて投資先を移してしまうのです。

国債暴落、財政破綻の危機

ここ数年、民間シンクタンクが日本の財政破綻のリスクを警告したり、その対策を提言したりする報告書を相次いで発表しました。日本がこれだけ圧倒的なレベルの「借金大国」となれば、財政破綻の可能性が頭をよぎるようになるのは当然です。肝心の政府は楽観的すぎる財政見通ししか国民に示していません。ならば、と民間シンクタンクが自分の出番だろうと考えるようになったのでしょう。

東京財団の加藤創太・常務理事ら官僚出身者たちのグループが発表した提言は、国債暴落から始まる経済危機が「早ければ数年内に起きる可能性がある」というショッキングなものでした。そういう事態にならないように、あるいはなったときのために、政府の緊急時の資金繰りや銀行の救済策を提言しています。加藤さんは「東日本大震災による福島第一原発事故が起きてわかったように、政府には危機想定シナリオがありません。財政破綻は、実は原発事故や核戦争より起きる可能性が高いものです。一刻も早く準備しておくべきです」と指摘しています。

日本総研の河村小百合・上席主任研究員も、もし日本が財政破綻した場合、国民生活にどのくらいのインパクトがあるのかを探るため、終戦時に庶民を襲った財政破綻の衝撃をあらゆる文献から丹念に調べました。当時は敗戦のショックであらゆる機能が停止してしまったので、財政破綻のインパクトだけを抜き出して調べた資料はほとんどありませんでした。河村さんが調べたところ、当時は預金封鎖に加えて、新円切り替え、資産の差し押さえや、土地、国債、預金などあらゆる財産への最大90％の課税もありました。それまでの財政のツケを国民は一気に払わされたのです。「いま財政破綻したら、政府は当時と同じことをやらざるをえないでしょう」と河村さんは指摘します。

東京大学金融教育研究センターにも「『財政破綻後の日本経済の姿』に関する研究会」が設けられ、研究者たちが意見交換を進めています。

なぜエコノミストたちが財政破綻問題に注目するようになったのでしょうか。たしかに日本の財政は先進国で最悪ですが、それでも国債価格は高値のままです。だから、これまでたびたび語られてきた国債暴落論は「オオカミ少年」扱いされてきました。かくいう私も財政破綻に警鐘を鳴らす解説記事や社説をたくさん書いてきました。ところが、いっこうに国債市場にそういう気配はないので、「おおげさに危機感をあおる記事はけしからん」と読者からお叱りを受けたこともあります。しかし、日本の財政はむしろリスクがいよいよ高まり、破局に向けてまっしぐらに向かっています。しかもそのスピードをいよいよ速めているように見えます。そういう状況になっても、多くの国民がそのことに気づいていないことに少なからぬエコノミストが危機感を募らせているということでしょう。アベノミクスのような、目の前の景気てこ入れだけを考える政策は事態を覆い隠してしまうのです。

預金封鎖とともに実施された新円切り替えの前に、簡易保険局の窓口に殺到した人々＝1946年２月20日、東京都目黒区

来年なのか、3年後、5年後なのかわかりませんが、いまのような財政を続けていたらいずれ必ず国債や通貨円が信用を失い、「日本売り」のような事態を招くでしょう。国債暴落や円暴落によるハイパーインフレで国民生活は一気に貧しくなりかねません。

「破綻後の青写真を」と、藤巻議員

運良くそこまで行かなくとも、日本国民にとっては長くつらい窮乏化の道が次第に始まるとみられます。経済成長はなく、企業の売り上げも給料も上がらない。なのに、円安による輸入物価高で毎年5%も10%もインフレが続き、国民生活がどんどん苦しくなるのです。

そのときには、アベノミクスで金融政策も財政出動も、つぎ込めるだけつぎ込んでしまったので政府や日銀が新たに撃てる弾はありません。需要もアベノミクスの緒戦ですっかり先食いされてしまっているので、盛り上がりようがありません。

安倍政権が2016年6月、2度目の消費増税の延期を表明したあと、あるエコノミストと日本経済のこれからについて話し合っていたとき、彼が私に真顔でこう言いました。

「いよいよ海外移住を考えないといけないかなあ」と。

経済に明るい資産家たちが同じようなことを考えても不思議ではありません。「国債の9割は日本人が買っているので国債が売られることなどない」と主張する人もいますが、日本人の資産だって、いざ日本が財政破綻になりそうになれば、当然、海外に逃げ出すのです。

元モルガン銀行東京支店長で「伝説のディーラー」と呼ばれた藤巻健史参院議員は、かねてより財政破綻リスクに警鐘を鳴らし続けてきました。その藤巻さんが最近は「焼け跡復興論」に言及するようになっています。「財政はもう手遅れだから、破綻後の青写真を描いたほうがいい」と言うのです。

前に示した債務比率グラフが示す戦前の折れ線の〝終点〟は、敗戦による破局でした。では、こんどはどんな形で〝終点〟を迎えるでしょうか。「歴史」と「現実」のグラフが示すのは、どんな形であれ、終点はそう遠くない先に訪れそうだということです。

次章以降では、安倍政権や黒田日銀がこの折れ線グラフの傾斜をいかに高めているか、いかに将来の破局リスクを大きくしているのかについて詳しく見てみたいと思います。

第1章　高度成長「巨大な一発」の幻影

1　消費増税先送りという無責任

安倍首相は、先述のように消費増税の時期を引き延ばしました。最初の予定からすると合計で4年延期されることになります。

これは単に公約破りだというだけでなく、国家の将来に対して無責任だという意味できわめて大きな罪です。民主的な手続きが取られずに決められたことも問題です。増税延期の決定は首相の独断専行で進められたのです。この増税は「必ず実施する」と国民に約束し、法律で決められていたものです。見直すなら、自民党税制調査会や与党内の調整の場でていねいにその是非を議論することが必要でした。財務省や、民間有識者が入った政府税制調査会などでも議論を重ね、本当に延期が必要なのか、財政は大丈夫なのか、といった論点を十分に点検することが求められたはずです。ところが、そんな手続きは全部すっとばされました。国会での議論まで封殺するように、通常国会の閉会後の会見でいきなり首相から増税先送りが発表されたのです。

政府への信用不安が国債にはね返る

これまで日本は政府の借金が世界最悪水準であるにもかかわらず、政府信用が維持されてきました。国債や通貨円の価値も認められています。その大きな理由の一つには、「日本政府に財政再建の意思あり」と海外投資家たちが認めてきたことがあると思います。日本の消費税率はまだ先進国で最も低い部類なので、増税余地が大きい。これから税率を引き上げて財政赤字を縮小すれば、財政健全化の余地はある、と見なされてきたのです。日本国債の格付けが下がったとはいえ、一定の水準でとどまっているのは、そういう信用が残っているためだと考えられます。

ところが消費税率を引き上げるのにこれほど政治的なハードルが高くて、簡単に進められないのだと見なされるようになれば、日本政府の徴税能力に疑いが生じ、国債の信用にはね返ってくる恐れもあります。

日本の財政は慢性的な借金体質に陥っています。政府の毎年度の予算規模は最近ではほぼ100兆円規模ですが、このうち30兆~40兆円を借金に頼っています（次ページの**図表1-3**参照）。予算の4割近くを借金依存というのがどれだけ異常かというのは、家計や企

3 国の予算の現状（2016年度一般会計予算）

単位：兆円

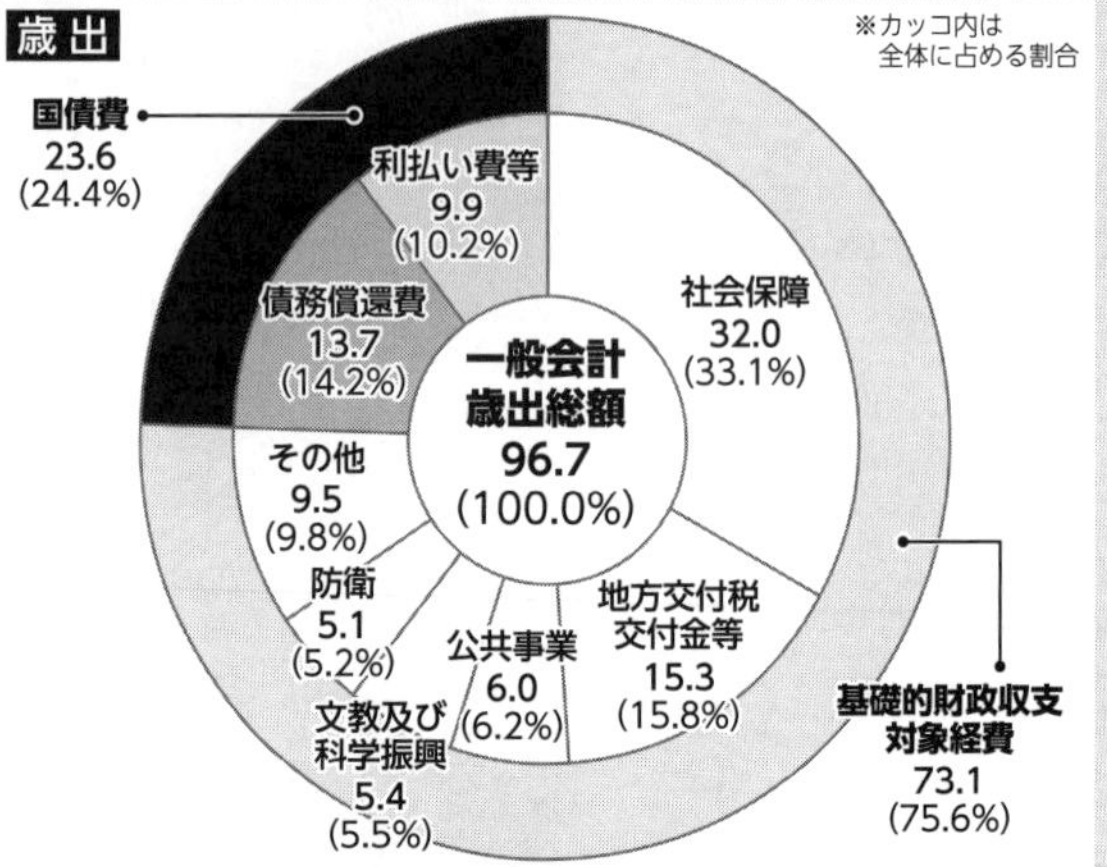

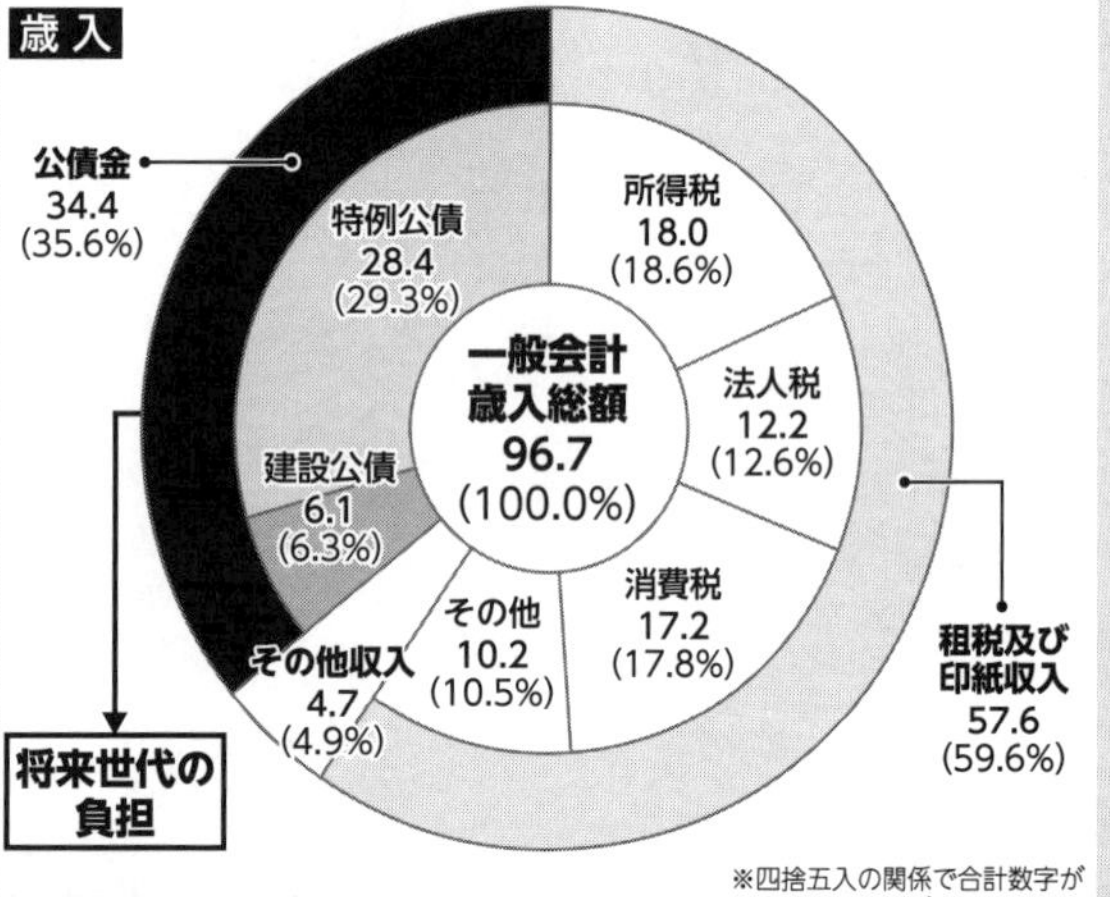

※四捨五入の関係で合計数字が合わない箇所がある

（財務省資料をもとに作成）

業経営に例えて考えると、よくわかります。月の収入が60万円の世帯で毎月の支出が100万円。不足分の40万円を借金しているようなものです。本来なら収入に見合った支出で収まるように生活すべきですが、いちど膨らんだ支出規模を引き締めるのは容易ではありません。おじいちゃん、おばあちゃんの医療費や介護費は簡単に節約できないし、大学生や高校生になった子どもたちの授業料や塾代も膨らんでいます。赤字分はいまのところ借金でつないでいますが、このままでは借金が雪だるま式に増えて、返済することが難しくなりそうです。家計は破綻の危機です。

選択肢が限られる財政健全化への道

解決の道は三通りしかありません。一つは、お父さんだけでなくお母さんも働いて家計収入を増やすこと。二つ目は、おじいちゃんとおばあちゃんの介護費を減らしたり、子どもたちの塾通いをやめさせたりして支出を大幅に削ること。三つ目は、それらの収入増と支出削減の両方をやることです。政府財政もそれといっしょです。増税するか、歳出削減をするか、そのあわせ技か。いずれかでしか財政健全化の道はありません。

増税は国民にとって痛みをともないます。簡単ではありません。政権与党もできるなら避けて通りたい道でしょう。歳出カットもそうです。毎年度のように計上されてきた予算を切っていくのはとても難しいものです。毎年度40兆円の借金をなくすというのは、いずれもショック度が大きすぎて、一気に大増税、一気に歳出大幅カットというわけにはいかないでしょう。少し時間をかけつつ、あわせ技で毎年度の借金額を圧縮していく息の長い取り組みしかないと思われます。

安倍政権は消費増税を延期するなら、最低でも税収をどう増やしていくかの道筋を説明すべきでした。

たとえば、法人税は減税を進めていますが、本当にその方針のままでいいのか。法人減税は日本企業が大震災ショックや円高、株安など〝多重苦〟に苦しめられているということで出てきた方針でしたが、最近では大企業、とくに輸出産業は軒並み史上最高益を記録しています。となると、近年の一方的な減税を少し見直してもいいかもしれません。あるいは、格差社会への不満が高まっているなかでは、相続税や資産税の増税も検討されるべきですし、もちろん所得税についても不平等を見直しつつ、税収増の道を探るべきです。

さて、消費増税の延期についてですが、エコノミストの評価は二分されました。総じて短期的な金融市場の目線でみるエコノミストたちは、首相の増税延期判断を支持する人が多いようです。

一方、長期的な日本経済の先行きを重視するエコノミストは批判的です。富士通総研の早川英男氏は「日本経済の実力からすると消費も景気もそこまで悪くない。消費増税の延期は実力を高めるものではなく、解決策にはならない」「増税延期で日本の財政は危機的な状況に近づく」と朝日新聞の取材に答えています。短期的視点か、長期的視点か。私は後者に軍配を上げます。

海外メディアの論評で多かったのは、消費増税延期はアベノミクスが「困難に突き当たっている」ことの証左だという指摘です。その点で、首相の「アベノミクスはうまくいっているが、海外経済要因を理由として消費増税を延期する」という論理立ては、国際的には通用しなかったということでしょう。

2　前借り経済の危うい未来

アベノミクスという経済政策は矛盾にみちています。財政出動の効果を重んじるケインズ政策なのか、金融緩和を主力とする手法なのか、あるいは構造改革による日本経済の体質改善をめざす政策なのか、メニューが混在していて、よくわからないのです。だから経済学者たちに尋ねても「理論的に説明することは難しい」という答えが多いのです。

安倍政権が掲げたのはアベノミクスの「3本の矢」でした。すなわち①大胆な金融緩和②機動的な財政出動③成長戦略です。

これらは最初から3本そろっていたわけではありません。政権発足前の総選挙で安倍氏が強調したのは「国土強靱化」のインフラ整備と、それを支えるために「日本銀行に輪転機をぐるぐる回して無制限にお札を刷ってもらう」ことでした。財源不足で心もとない第2の矢を、第1の矢で支える。つまり日銀に財政資金を用立てさせる、「財政ファイナンス」的な発想です。

では第3の矢はどうなのかと言えば、政権が発足してからしばらく後に麻生太郎財務相と甘利明・経済財政政策担当相（当時）の進言によって追加されたものです。1本目、2本目の矢だけのセットでは露骨な財政ファイナンスと批判されかねない。そう危惧して、成長戦略という誰もが反対できないメニューを加えることで経済政策セットの体裁を整えたのでしょう。ただ、「成長戦略」そのものは実は珍しいものではありません。観光立国や環境エネルギー戦略などの内容も歴代の政権とたいした違いはありません。

安倍政権が成長戦略や構造改革にそれほど熱心に取り組んでいるのか、首をひねるデータもあります。世界銀行が毎年発表する「ビジネスのしやすさ」ランキングで、日本の順位は安倍政権発足後に徐々に悪化しているのです。政権発足前の2012年に20位だったのが、毎年、順位を落とし、2016年は34位まで低下しました。ランキングは欧米に優位な印象もありますが、上位には1位シンガポール、4位韓国、5位香港などのアジア勢もしっかり入っています。

安倍政権は発足後に成長戦略に力を入れるという意味で、産業競争力会議や官民対話などの会議をものものしく作りました。ただ、それらも乱立ぎみであまり機能せず、結局これらを廃止。2016年9月に一本化して「未来投資会議」を新設しました。これまでのところ、成長戦略はタイトルや看板が踊っただけ、というのが実情です。

だから、ときどき海外メディアなどから「1本目と2本目の矢は、3本目の矢を進めるまでの時間稼ぎの施策」という論評がありますが、政権交代の総選挙で安倍首相が何を主張していたのかを思い起こせば、実は成長戦略や構造改革にそれほど強い思い入れはないことがわかります。首相の本命はあくまで金融政策とそれに支えられた財政だということでしょう。

そのアベノミクスの特徴をひと言で説明するなら、「前借りの経済」です。空前の規模の金融緩和で消費や投資を刺激し、財政でも需要を盛り上げていく。いわばカンフル剤を連発しているわけですが、別に新しい需要を掘り起こしているわけでも日本経済の体質をより強くしているわけでもありません。将来の需要を先食いしているだけ、前借りしているだけなのです。

「一気に返済可能」は、まさに一発屋体質

1980年代までの右肩上がりの時代ならば、「前借りの経済」の手法を生かす手はありました。基本的には成長が続いていて、不況は一時的なものでした。だから時期がくれば景気循環の波に乗って、いずれまた好況期がやって来ます。それまでの不況時のショックをやわらげるために、景気対策によって好況期の需要を前借りするのは、選択肢としては考えられました。それも好況時の需要が大きく、余裕があったからです。

しかし、いまのような人口減少社会、低成長時代になると話はまったく違ってきます。前借りすれば、それだけ将来の景気はさえないものになってしまうからです。

しかし安倍首相に言わせれば、アベノミクスで景気が一気に良くなって日本経済が高い

4 実質GDP成長率の推移　単位：%

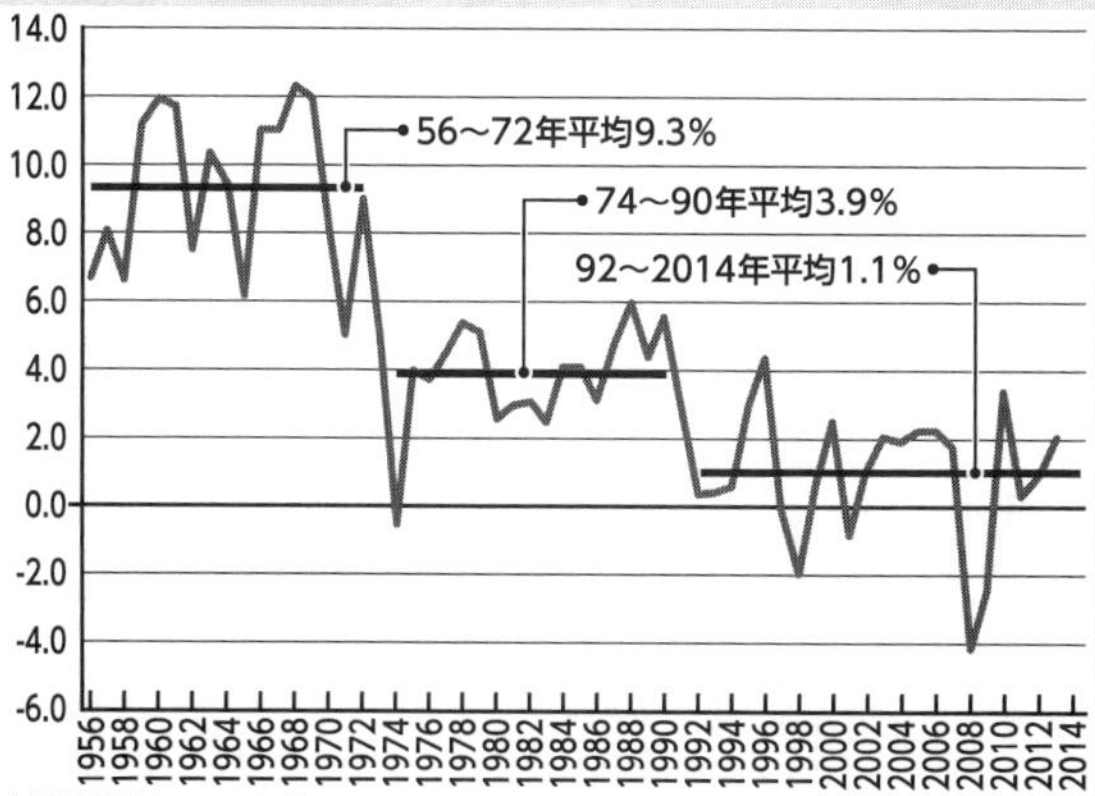

（内閣府資料をもとに作成）

成長軌道に乗れば、前借り分は一気に返済が可能になる、ということなのでしょう。それは根拠のない楽観論です。それこそが「一発屋体質」の本領だと言えるのではないでしょうか。それはあくまで「希望」や「期待」にすぎません。「賭け」だと言ってもいい。ただ1億2700万人の国民生活を賭けるには、あまりに成功確率が低いギャンブルです。

日本の実質GDP成長率の推移（**図-4**）を見ていただければわかるように、日本経済の成熟とともに成長率の水準が下がるのは避けられないことです。

いま必要なのは、安倍首相の言うように「アベノミクスを加速する」ことではなく、アベノミクスの誤りを認め、見直すことです。アベノミクスは将来の国民負担を担保に、いまの経済を持ち上げる政策です。それでは将来負担が重くなりすぎ、財政の未来を築くことはますます難しくなってしまいます。

国民がこの先も長く社会保障などの行政サービスで報われ続けるためには、早いうちに財政を立て直しておく必要があります。それには負担増を受け入れる覚悟も必要です。そういう現実的な道を政治がどう切りひらくかがいま問われているのです。

日本には多くの経済課題があります。非正規雇用の増加、所得格差の拡大、将来の社会保障への不安……。そういったさまざまな課題を解決することなしに経済を好転させるのは難しいでしょう。解決には社会保障財源がもっと必要です。社会保障財源をもっと生みだすには財政の健全化が欠かせません。1年限りの予算ではなく、これからも毎年度必要になる恒久財源が求められるからです。「消費増税はもっと景気が良くなってからやればいい」という時間稼ぎ論がありますが、それは将来の負担増につながるだけで解にならないと思います。

アベノミクスが前借りで得た〝時間〟はせめて持続可能な財政に立ち戻っていくために使うべきでした。具体的には、消費増税などの歳入改革、そして社会保障の効率化などの歳出改革です。安倍政権はその時間を空費しただけではありません。前借りで一時的に経済が好転したことに気をゆるめ、一段と財政規律までゆるめてしまったのです。10％への消費増税の再延期はその象徴です。

3　アベノミクスはバブル製造政策

２０１２年末の総選挙によって第２次安倍政権が発足したとき、多くの日本人の潜在意識のなかに高成長時代の成功体験がいまだ根強く残っていることに気づかされました。安倍首相が「アベノミクスで経済成長率を高め、脱デフレを進める」と宣言すると、世論は大いに歓迎したからです。

景気が良くなるのに越したことはありません。そのほうが私たちの暮らしもより豊かになるでしょう。ただ一方で、うますぎる話には気をつけたほうがいいとも言われます。20年以上にわたって低成長とデフレ経済（そう定義することが妥当かどうかは議論があるところですが）に苦しんできた日本が、一発逆転で局面を打開できるものなのか……。当時は3年余りの民主党政権が多くの失敗を重ねて国民を失望させ、政権交代が望まれていました。長びく経済停滞による鬱屈もたまっており、「局面の打開には多少の冒険も辞すべきではない」という言説が少なからず出ていました。そんな世論を安倍首相の力強い言葉が引き寄せ、政策の中身がそれほど吟味されることもなく受け入れられました。この総選挙で自民党は大勝利をおさめ、第2次安倍政権はアベノミクスを金看板として発足しました。

「高成長の幻を追うな」

そのとき安倍政権が財政ファイナンスに近い政策に乗り出すのは危険だと考えた私は、総選挙直後の12月19日付の朝日新聞朝刊1面で「高成長の幻を追うな」というタイトル(東京本社発行版)の記事を書きました。

記事中、私は安倍氏が掲げた、財政と金融をセットにしたお金のばらまき政策を「アベノミクス」と名づけました。それが「アベノミクス」と名づけて政策を批判した初めての新聞記事だったと思います。２００６~07年の第1次安倍政権でも「上げ潮政策」と呼ばれる政権の経済政策が「アベノミクス」と言われることもありましたが、定着はしませんでした。

改めて「アベノミクス」というキーワードを使ったのには理由があります。それは「正統派ではない異形の政策」というニュアンスをこめるためでした。人の名前を冠した「〜ミクス」は「誰々さんの特殊な経済政策」「正統派ではない政策」という意味あいで使われます。最も有名なのは、かつて米国でレーガン大統領によって行われた「レーガノミクス」です。金持ち減税による「小さな政府」と軍事費拡大を特徴としたレーガノミクスもまったく正統派の経済政策ではありませんでした。

当時、米国ではそれがまるで信仰のような経済思想だと見なされ、「ブードゥー経済学」と揶揄《やゆ》されることがありました。ちなみにブードゥー教はカリブ海の島国や西アフリカなどに伝わる古めかしい儀式を重んじる民間信仰です。カリブなどのブードゥー教信仰者には申し訳ありませんが、ブードゥー経済学という言葉には「いかがわしい経済説」というニュアンスがこめられています。

信じて祈れば実現する?

アベノミクスもレーガノミクス以上にブードゥー的です。なぜなら論理的に導き出された経済学ではなく、「信じ続け、祈り続ければ実現する」と暗示をかける、雨乞い儀式的な色彩が強いからです。長らく日本の国民や企業に染みついてしまったデフレ心理を払拭するには、「金融緩和を実行すれば必ず景気は良くなる」「物価は上がる」と人々の期待を膨らませることが重要というのです。そのために、政府や日銀が「できることは何でもやる」という姿勢を示し、実際、日銀は量的緩和で大量のお金を金融市場に投入し続け、国債やさまざまな債券を買いまくったのです。

私の記事は結局、書いた狙いが外れてしまいました。揶揄するつもりで名づけた「アベノミクス」というキーワードは、その後、安倍首相本人が気に入って好んで使うようになり、多くの人たちに「画期的、挑戦的な政策」という意味で受け取られてしまったのです。

第2次政権発足後、安倍首相はニューヨーク証券取引所で演説しました。そこで胸を張ってこう言ったのです。「Buy my Abenomics!」（私のアベノミクス政策は買いですよ）。首相本人が好んで使ったこともあって、その後、アベノミクスという言葉はすっかり世界中で定着しました。

アベノミクスとは何か。先ほど「前借り」と言いましたが、さらに言えば「意図的にバブルを起こそうとする試み」だと思います。世間がそれを喝采する光景を見て、あれほど懲りたはずだった80年代末のバブル経済は、今でも多くの人の憧憬の対象であり続けているのだと考えさせられました。

とはいえ、無理にバブルを作り、低成長がふつうとなった時代に無理して成長を追い求めれば、必ずあとで反動がきます。前述の記事は、国民経済の将来に大きな禍根を残す政策だと警鐘を鳴らす狙いで書きました。記事に対して私の予想を超える大きな反響がありました。そこで、私は世の中のバブル待望論やアベノミクス賛美のうねりの大きさを知ることになります。

4 「リフレ」とは経済のギャンブル化

反響の多くは安倍首相の支持者や「リフレ派」と呼ばれる人たちからの強い批判や抗議です。インターネット上には記事批判や筆者である私への誹謗《ひぼう》中傷があふれました。週刊誌や月刊誌ではリフレ派の評論家たちから猛烈に攻撃され、シンポジウムではリフレ派学者から面と向かって名指し批判を受けました。

もちろん、新聞に署名記事を書くと、賛成意見ばかりではなく、ときには批判の投書などをいただくことはよくあります。こちらの主張を旗幟《きし》鮮明にすれば、それだけ読者の賛否もはっきり出ます。そういう批判のご意見をいただくことは記者にとっても議論の場が広がったということであり、むしろありがたいことだと思っています。ただ、このときのアベノミクス賛成派の人たちからの電話や投書、ネット書き込みの量のすさまじさ、表現の過激さには、正直かなり面食らいました。どれもこちらの反論を一切許さない攻撃的で排他的な言説で埋め尽くされていたからです。

議論では負けないリフレ派の人々

さて、このリフレ派とはどういう人たちでしょうか。リフレとは「リフレーション」の略で、人為的にインフレを起こす、つまり政策によって物価を上昇させることです。ふつうは、景気が良くなってモノがたくさん売れるようになれば、自然と物価や賃金が上がります。これに対し、リフレ派は「逆もまた真なり」という立場です。

どういうことかと言えば、景気を良くするには数パーセントのインフレの継続が必要、と考えているのです。物価が将来にわたって上がっていくという予想が世の中にあるからこそ、企業は投資を進め、賃上げにも積極的になれる。だから、物価を上げる政策を採用すべきだと主張しています。

リフレ派論者には、安倍政権の経済ブレーンとして理論的支柱となった浜田宏一イェール大学名誉教授、本田悦朗スイス大使（前内閣官房参与）らがいます。加えて、安倍政権の発足後に日本銀行副総裁に就任した岩田規久男氏もそうです。アベノミクスに賛同して異次元緩和を推し進めたという点では、黒田東彦日銀総裁もリフレ派的な論者の1人に数えられるでしょう。

こうやって名前を挙げると、まるでリフレ派が経済学界の大きな流れを形成しているように見えるかもしれません。しかし、実際はまったくそうではありません。リフレ派は経済学の世界ではきわめて少数派です。マクロ経済を専門とする有力な学者たちの多くはこの考えを支持していません。にもかかわらず、多くの国民の目にこうした主張が目立つようになったのは、安倍政権が自分たちと同じ考えのリフレ派を日銀の総裁、副総裁、審議委員、官邸のブレーンなどの要職に集中的に採用したからです。

リフレ派は日銀がもっとお金をじゃぶじゃぶになるまで市場に投入すべきだと主張してきました。その考えの基本にあるのは、経済学の古典的な理論「貨幣数量説」です。提唱したのはアーヴィング・フィッシャーという新古典派の経済学者です。この説は、世の中に流通するお金の量が増えると、お金の価値が下がる。するとモノを買うのにより多くのお金が必要になる。それはつまり物価が上がるということだ、という理論です。単純に言えば、貨幣数量（お金の量）が2倍に増えれば物価も2倍に上がる、という理論です。

貨幣数量説は条件が整っていれば有効な、きちんとした経済理論です。ただ、今のようなゼロ金利制約やマイナス金利政策のもとでは理論どおりには動きません。このことは以前からマクロ経済学者の間で指摘されてきたことですが、リフレ派の人々にもしだいにそれが理解されてきたようです（後述します）。それにつれて、黒田日銀が採用した異次元緩和政策は、単純にお金の量を増やすだけでなく、人々の将来の「インフレ期待」を引き上げることで「実質金利を引き下げる」という考え方に形を変えています。お金の投入量を増やすのは、あくまで人々のインフレ期待を引き上げるのが狙い、という説明になっています。

こうした経緯からもわかるように、リフレ論は必ずしも精緻な経済理論にもとづくものではありません。経験知にもとづいた実践的な金融政策でもないのです。あくまで実験的な試みと言うべきか、成功の保証がないギャンブルと言うべきか。もちろん、そういう社会実験を頭から否定することはできません。ただ、そのコストや副作用の大きさ、失敗したときのショックの深刻さなどを考えると、すべての国民を道連れにして取り組むべき政策ではないと私は考えます。

ただ、リフレ派と政策論争をするのはかなり骨の折れる仕事です。なぜなら彼らが「負けない議論のやり方」をするからです。彼らは、やってみて効果がなくても、やり方がまちがっていたとは考えません。効果が出ないのは「お金のバラマキ方がまだ足りないからだ」という議論を展開するのです。

これはまるで「雨乞い」です。やってみて、たまたま雨が降れば「ほら、雨乞いの効果だ」と言い、雨がなかなか降らなければ「雨乞いの祈りがまだ足りないのだ」と言うのと似ています。

失敗に終わった社会実験

とはいえ、このリフレの社会実験は日銀はじめ、世界の中央銀行の量的緩和政策によってはっきり「失敗」という結果が出ました。

日銀は2001〜06年に世界で初めて量的緩和を実施し、黒田日銀の異次元緩和（2013年4月〜）でさらに大規模に取り組みました。しかし、いずれでも結果は一緒でした。金融市場に投入するマネーの量を日銀がいくら増やそうと、物価はほぼ横ばい、名目経済成長率もほぼ横ばいで終始したのです（**図1-5参照**）。この傾向は米国や欧州での量的緩和

5 量的緩和は成長につながらず 単位：兆円

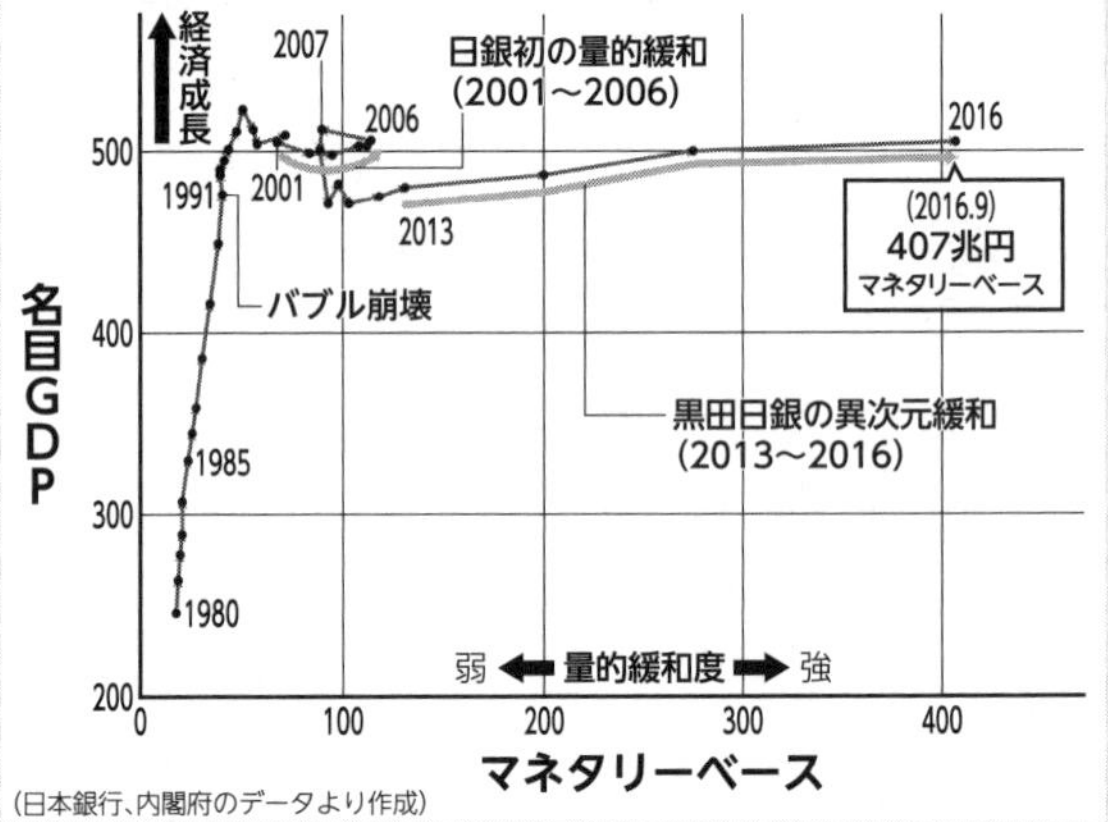

(日本銀行、内閣府のデータより作成)

でも同じでした。

２０１６年９月に日銀が発表した金融政策の「新しい枠組み」は、事実上、この量的緩和政策から撤退する内容でした。政策の指標をマネーの「量」から「金利」に戻すことにしたのです。この転換については後述しますが、日銀の金融政策を決める審議委員９人（総裁、副総裁の合計３人を含む）のなかには明確なリフレ派２人がいます。ところがその２人も、このときの金融政策決定会合の議決では、リフレ策からの事実上の撤退に賛成しています。日銀はついにリフレとの決別に向けて大きく舵を切った、と見ていいかもしれません。

5 「リフレ派教祖」クルーグマン教授の路線修正

ポール・クルーグマン氏は、存命するなかでは日本で最も有名な外国の経済学者かもしれません。2008年にノーベル経済学賞を受賞する前から米ニューヨーク・タイムズで辛口コラムを連載しており、日本でも多くの著作が出版されてベストセラーになっています。

そのクルーグマン氏は「アベノミクスの生みの親」「日銀の異次元緩和の理論的支柱」とも言える人物です。いわば「リフレ派の教祖さま」と言ってもいいでしょう。彼が1998年に発表した論文で、日本経済の停滞を打破するために日銀はインフレ目標を設け、人々に日銀が「無責任だ」と思われるくらい金融緩和を続けると信じさせることが大事だと唱えたことが日本にリフレ論者をたくさん生んだからです。黒田日銀も最初はその考えを踏襲していましたし、日本国内のリフレ派の学者たちが必ず持ち出すビッグネームがクルーグマン氏でした。

「インフレへの効果は限定的」

その教祖さまが、これまで提唱してきた日本経済の処方箋についてかなり大きな修正をしたのです。米ウォール・ストリート・ジャーナル紙で過去の自らの主張の誤りを一部認めました。日銀の大胆な金融緩和のインフレへの効果は「限定的」というのです。おおよそ次のような内容の記事でした（日本語電子版、2015・11・10）。

クルーグマン氏は大胆な金融緩和を提唱し、日銀の政策に影響を与えてきたが、ここにきてインフレへの効果は限定的だとの見方を示した。もともとは1998年以降、日銀が人々から無責任だと思われるくらいインフレ促進のために緩和をすることを求めてきた。だが、最近、国際通貨基金の会合で講演した際に、そういう効果は極めて限定された参加者しかいない市場で通用するもの。無責任だと信じさせれば自動的に問題が解決するなどという考え方は楽観的すぎるし、そういうことはない、と話している。

これはリフレ派の人々にとっては衝撃的な路線修正と言えます。インフレ目標も、そのためにやり過ぎるくらい金融緩和すればデフレから脱却できるという主張も、唱えてきた本人が「それはムリ！」とあきらめてしまったのですから。信じる者は救われる、と言っていた教祖さまが、もう信じなくていい、と言ってしまったのです。

クルーグマン教授（左）と黒田日銀総裁＝2016年３月22日、首相官邸で開かれた国際金融経済分析会合で

主張を修正することになった理由について、本人は「日本の人口減少」を挙げています。人口減少社会では潜在成長率が低くなるので、金融政策でそれを持ち上げるのには限界があるというのです。

しかし、それを聞いて唖然とするのは、そんな理由であれば、すでに日本総研主席研究員の藻《も》谷浩介《たにこうすけ》氏が6年前のベストセラー『デフレの正体――経済は「人口の波」で動く』（2010年）のなかで示しています。生産年齢人口の減少こそが日本経済の停滞の理由である、と。クルーグマン氏の主張は周回遅れでようやく藻谷論に追いついた、というわけです。

それでも安倍政権にとってはクルーグマン氏は教祖的存在であり続けているようです。2014年末に解散・総選挙と同時に消費増税を延期した際、安倍政権はクルーグマン氏を官邸に招き、そこで「増税延期」のお墨付きをもらったのです。まったく同じ光景が2016年の消費増税先送りの際にも繰り広げられました。海外の著名な経済学者を官邸に招いた「国際金融経済分析会合」です。前例にならってお膳立てをするように、クルーグマン氏はここでも消費増税延期論を唱えたのです。さらに「金融政策が限界に近づいている」と指摘し、こんどは財政政策の重要性を強調したのです。リフレ派の教祖がいつの間にか、財政出動派に変わっていたわけです。

信ずる者は消費する?

そもそもクルーグマン氏のご託宣が日本のマクロ経済政策に強い影響力を及ぼしているのは、おかしな話です。ノーベル経済学賞を受けた学者が、常に正しい経済政策を提言するとは限りません。それにクルーグマン氏がノーベル賞を受賞したテーマは国際貿易理論であり、金融や財政のマクロ政策ではないのです。

リフレ論のバイブルともなった1998年のインフレ目標理論にも、いくつもの理論的な「穴」があるようです。

クルーグマン氏の主張は近い将来に「完全雇用」が実現することが前提になっています。「完全雇用のもとで貨幣供給量を増やせば物価が上がる」というのは経済学では以前から証明されている理論です。そこでクルーグマン理論の新しいところは、近い将来にそれを起こすと人々に信じさせる、というところです。つまり「完全雇用→貨幣供給量の増加→物価上昇」が確実に起きると人々が信じれば消費を前倒しする、というのです。

しかし小島寛之・帝京大教授は、「長期不況のもとでは、近い将来に完全雇用になるなどと誰も信じない。だから貨幣供給が増えても、物価が上がるとは誰も考えないでしょう」と言って、こう指摘します。

「そもそもインフレ＝善という考え方が一部の論者に定着しているのはおかしい。インフレにも悪いインフレがあるし、デフレにだって意味があるときがある。現在の物価が下がることで、将来の物価を相対的に高くし、それが景気の自律反応につながるのですから」

私たちは「一発屋」的な発想で利用されやすいクルーグマン理論をいちど突き放し、客観的に、冷静に評価する必要がありそうです。そもそも経済政策で一気に成果を出せることなど、まれです。地道に取り組み、じっくりと結果を待つことのほうが圧倒的に多いのです。リフレという「一発芸」にばかり目を奪われていては、将来に向けた本当に大事な取り組みが、おざなりになるばかりです。

6　アベノミクスを評価する学者、否定する学者

2013年以降、アベノミクス礼賛論が世の中にあふれる一方で、批判的な論調が目立たなかったのはなぜでしょうか。これは、安倍政権が主導した安全保障法制をめぐる言論状況と似ているところがあります。

象徴的な場面がありました。2013年、内閣府主催で内外の経済学者を集めて2日間にわたる大きな経済シンポジウムが開かれました。ここにはリフレ論を支持する学者たちがたくさん招かれました。海外から、アベノミクスに賛成意見を表明していたジョセフ・スティグリッツ氏（2001年、ノーベル経済学賞受賞）やアダム・ポーゼン氏ら、著名な経済学者も招いた一大イベントでした。このシンポジウムを実質的にプロデュースしたのは、安倍首相の経済ブレーンであり、内閣官房参与となっていた浜田宏一イェール大名誉教授でした。リフレ派を代表する顔ぶれです。

本来、研究者たちを集めるシンポジウムというものは賛否それぞれの立場の専門家が集い、さまざまな意見やアイデアを持ち寄って真剣に議論するものです。そのほうがお互いに研究水準を高め合う効果が期待できるからです。ところが、政府主催のこの会議はリフレ派一色に染まった意見表明会のようでした。会議で意見表明した研究者たちは一様にアベノミクスを賛美していました。

浜田宏一氏の剣幕

ただ、1人だけリフレに批判的な大学教授が参加していました。私は最初、「せめて1人くらい入れておかないとバランスが取れないからだろう」と思ったのですが、どうやら違ったようでした。この教授がパネリストとして壇上に上がり意見を述べると、会場の最前列に陣取った浜田氏が、質問と称しつつ、かつて教え子であったというこの教授を糾弾し始めたのです。あまりの剣幕で批判するので、最前列に控えていたスティグリッツ氏らもあっけに取られて見ていました。壇上の教授は反論もできず、黙って浜田氏の批判を聞いていました。

当時、政府・日銀の中枢はリフレ派で固められ、それに対して批判を許さないムードがありました。政権に真っ向から批判的な意見を言うことがはばかられるムードが漂っていたのはまちがいありません。アベノミクス批判をすれば政府の審議会の委員などの公職に採用されなくなると受け止められていました。ある意味で人気商売のエコノミストたちにとっては、それも有形無形の圧力となります。

事実、「アベノミクス批判を公の場でしたら、さまざまな場で猛烈な批判を浴びて、たいへん嫌な思いをした」と証言してくれた大学教授もいました。複数の民間シンクタンクの研究者たちから「あまり政権批判をしないように、と（組織の）上のほうからクギを刺された」という声も出ていました。もちろん、みずからアベノミクスや異次元緩和を支持した学者やエコノミストもおり、彼らは自由に発言していました。

しかし、こういう「物言えぬ空気」が漂うなかでも自信をもって反対の論陣を張っている方たちも少なくありません。安倍政権の1年目にアベノミクスについて支持、不支持が旗幟鮮明な有識者やメディアを私が独断でまとめたのが次ページの一覧表です（**図表-6**）。賛成派にはいわゆる「リフレ派」と呼ばれる学者やエコノミストたちの名が並んでいます。

国内メディアも賛否が真っ二つに割れました。全国紙では、奇しくも安倍政権の安全保

6 アベノミクス初期の主な識者・メディアの賛否

〈所属は原則として当時、賛否は筆者の判定〉

批判的な論者	肯定的な論者
【経済学者】	
池尾和人(慶大) 岩本康志(東大) 小黒一正(法大) 小野善康(大阪大) 小幡績(慶大) 小島寛之(帝京大) 小峰隆夫(法大) 齊藤誠(一橋大) 野口悠紀雄(早大) 浜矩子(同志社大) 水野和夫(日大) 吉川洋(東大)	飯田泰之(明大) 伊藤隆敏(東大) 竹中平蔵(慶大) 高橋洋一(嘉悦大) 田中秀臣(上武大) 野口旭(専修大) 浜田宏一(米イェール大) 原田泰(早大) 本田悦朗(静岡県立大) 若田部昌澄(早大) ポール・クルーグマン
【エコノミスト】	
上野泰也(みずほ証券) 加藤出(東短リサーチ) 河村小百合(日本総研) 河野龍太郎(BNPパリバ証券) 藤田勉(シティグループ証券) 藻谷浩介(日本総研)	岩田一政(日経研究センター) 片岡剛士 (三菱UFJリサーチ&コンサルティング) 熊谷亮丸(大和総研) 嶋中雄二 (三菱UFJモルガン・スタンレー証券) 永濱利廣(第一生命経済研)
批判的なメディア	**肯定的なメディア**
朝日新聞 毎日新聞 ウォール・ストリート・ジャーナル(米)	読売新聞 日本経済新聞 産経新聞 フィナンシャル・タイムズ(英) ニューヨーク・タイムズ(米)

(筆者作成)

障をめぐる構図と同じく、賛成する読売・日経・産経、反対する朝日・毎日という分かれ方となりました。海外メディアで賛成が多いのは、学者と同様、デフレ経済への対応経験が浅かったことが原因と考えられます。

当時、私は多くの専門家たちに「アベノミクスについてインタビューしたい」と申し入れたのですが、前述のような理由で断られるケースが少なくありませんでした。もちろん、そんな中でも勇気をもってインタビューを受けてくださった学者やエコノミストの方たちもいます。そんなときには、私自身も大いに勇気づけられたのを覚えています。

低成長・低インフレの罠

海外メディアや研究者、外国の市場関係者たちは当初、アベノミクスを高く評価しました。ゼロ・インフレとゼロ成長にはまっていたのは長らく日本だけでした。そのため、欧米の研究者たちにはおそらく「日本病」の原因や処方箋についての知識が乏しく、理論の検討が進んでいなかったことも一因と考えられます。

少なくとも2008年のリーマン・ショック以前では、ゼロ金利や量的緩和の経験があるのは日銀だけでした。デフレ下の金融政策について豊富なデータをもっていたのも日銀だけです。非伝統的な金融政策で先行した日本では、その効果も限界もある程度はっきり見えていました。ですが、欧米ではまだ政策効果が見極められるほど蓄積がなかったということでしょう。デフレ経済の原因究明やその対策については、未解明のことが多いのですが、それでも当時の日本には一日の長がありました。

リーマン・ショック以前の欧米では、学者もメディアも、日本が低成長の罠から抜け出せず、いつまでもデフレ状態が続いているのは「日本の特殊事情」と見ていました。日本政府と日銀が適切な対策を取らなかったからそうなったという説が主流でした。

ところが、リーマン・ショック後に欧米で起きたことは、程度の差こそあれ、米国でも欧州諸国でも日本とまったく同じ「低成長、低インフレの罠」でした。米連邦準備制度理事会（FRB）も欧州中央銀行（ECB）も結果的には、日銀と同じようにゼロ金利や量的緩和という非伝統的な金融政策を採用せざるを得ませんでした。そうした取り組みにもかかわらず先進国経済はいまだに成長軌道もインフレ経済も取り戻していません。

欧米のアベノミクスに対する見方が次第に冷めてきたのは、欧米で同じような取り組み、同じような経験をして、なかなか効果が現れないという同じジレンマを味わっているからでしょう。

7　トリクルダウンの妄想

経済理論に「トリクルダウン」という言葉があります。「滴がしたたり落ちる」ということ、つまり富が一部の富裕層に集まったとしても、その富める人々が消費したり投資したりすることで、いずれそのお金は、だんだんと滴り落ちるように中間層や低所得者層にも及んでくるという考え方です。いわば「おこぼれ理論」とでも言ったらいいでしょうか。最初から人々にできるだけ平等に富を分配することを重視する社会民主主義的な考えとは反対の考えです。弱肉強食の新自由主義を正当化する理論と受け取られることが多いキーワードでもあります。

このトリクルダウンが日本で最初に注目を浴びたのは、小泉純一郎首相のころでした。小泉内閣で経済司令塔となった竹中平蔵・経済財政相のもとで進められた構造改革は、当初そうした理論にもとづいて進められていると見られていました。ところが、徐々に小泉改革のもとで「格差が拡大している」との批判が高まってくると、トリクルダウン理論を声高に叫ぶ政治家や論者はいなくなりました。

小泉政権が終わるころには「いくら富裕層を富ませる政策をやっても、そういう効果は出ないのだ」という共通認識のようなものが日本社会にはできていたと思います。後に私が竹中氏にインタビューしたとき、トリクルダウンについて問うと、竹中氏から「私はトリクルダウンと言ったことは一度もない」と反論されたほどです。

ところが「トリクルダウン」は第2次安倍政権で再び脚光を浴びます。いわば、アベノミクスはトリクルダウン政策に他ならないからです。

アベノミクスの原動力とは、突き詰めて言えば「株高政策」です。株価ができるだけ高くなるように、あらゆる手段を講じる考えがさまざまな政策の底流にあります。政府系機関や日銀による株買いが増えるような仕組みにしたり、円安を進めて輸出企業の株価が高くなるようにしたり……。こうして株が高くなると、多くの企業、株式投資家たちが潤います。潤った人々がお金をたくさん使うようになると、景気が良くなる。その結果、株式投資をしない人たちの所得も上がってくる。そんなシナリオを描いているのです。

トマ・ピケティ氏も苦笑

とはいえ、安倍政権も「トリクルダウン」を強調しすぎると、「金持ち優遇」という批判を浴びやすいと警戒したのか、積極的にそういう説明はしませんでした。

その中で思いもかけない形で、アベノミクスが本質的にはトリクルダウン政策だと暴露してしまった政権幹部がいました。2015年1月、『21世紀の資本』(2014年)で大ブームを巻き起こしたフランスの経済学者トマ・ピケティ氏が来日したときのことです。

東京都内で開かれたピケティ氏の講演会で、パネリストとして出席していた西村康稔・内閣府副大臣(当時)が聴衆に向けて「安倍政権でトリクルダウンを加速していきます!」と強調したのです。西村氏は、株価が上昇して投資家の株式保有額が急増している一方で、無収入の人が安倍政権のもとで減っていると説明し、「これがトリクルダウン効果です」と胸を張りました。そして、ピケティ氏の懸念する格差拡大を解決するのがアベノミクスの狙いだ、と強調したのです。

西村氏の説明を壇上で聞いていたピケティ氏は苦笑しながら、激しく足をばたばたさせ、おどけてみせました。私には「バカなことを言っているなあ」と言いたげに見えました。西村氏に対してピケティ氏は「日本の格差は米国より低いが、増大している。日本は所得税の累進度を上げて、相続の際にもっと資産課税をすべきです」と言いました。さらに返す刀で「(日銀がやっているような)紙幣を増やす政策はいいことでしょうか?　そのマネーはどこに行くのでしょうか。不動産バブルを起こすことで誰が恩恵を受けるのですか」と、アベノミクスが資産バブルをあおっていることを明確に批判しました。

8　幻影を追う政権と経済界

いまの日本は人口減少、少子化、超高齢化の時代です。この人口構成比がもたらす社会構造というものは、その時々の政策ではすぐには動かせません。大きな構造は、半世紀以上は変えられないと言われます。だとすれば、半世紀後の日本を考えて人口減対策に取り組む努力をする一方で、いまを生きる国民一人ひとりが豊かになるために与えられた条件のもとで現実的な政策を立案すべきです。

平成の「富国強兵」

たとえば「1人当たりGDPをいかに増やすか」という目標設定なら、国民目線でも理解できます。ところが「日本全体のGDPを増やす」、そのためにムリな政策もするという発想だとすると、まるでかつての「富国強兵」と変わりません。

2015年秋、安倍政権は新しい目標となる「新3本の矢」を発表しました。このなかには社会保障の安心をめざして「介護離職ゼロ」（新しい3本目の矢）という国民目線の項目も盛り込まれています。ただ、ほかの2本はやはり政権の「高成長」志向がうかがえるものでした。新第1の矢は「名目GDP600兆円」、新第2の矢は「出生率1・8の実現」です。「新富国強兵」国家目標といったところでしょうか。

象徴的なのが「600兆円目標」です。強い経済を実現するために、2014年度に490兆円、2015年度に500兆円だった名目GDPを、2020年度に100兆円増やして600兆円にするというのです。そのために「女性や高齢者、障がい者らの雇用拡大や地方創生を本格化して生産性革命を大胆に進める」と安倍政権は言います。この狙いを読めば、目的と手段が逆転してしまっていることに気づきます。「女性や高齢者、障がい者らのために……」ではなく、「GDP600兆円のために」女性や高齢者、障がい者の雇用を拡大するのだと言わんばかりです。

そもそもこの目標は年率3%以上の成長を前提としたものです。ただし、3%成長はここ20年以上、実現していません。達成は難しいけれど心意気だけ示した目標だというのなら、それはそれで目くじらを立てるものではないかもしれません。しかし、安倍政権では、目標達成のためなら財政出動も、日銀による大胆な金融政策もフル動員する、というスタンスです。高すぎる目標は、異常な経済政策のレベルをどんどん引き上げていく根拠になってしまうのです。

財界人からも懸念する声が上がったものの……

GDP600兆円目標には、心ある財界人から懸念の声が上がりました。小林喜光経済同友会代表幹事（三菱ケミカルホールディングス会長）は「ありえない数値」と言い、三村明夫日本商工会議所会頭（新日鐵住金相談役・名誉会長）は「現実的にはちょっとムリ」と記者会見で述べました。

ところが逆に、この安倍政権の目標設定を全面的に支持したのが、財界の中心組織である経団連です。榊原定征《さだゆき》経団連会長（東レ前会長）が安倍政権への全面支持の立場をとっていることもありますが、経団連を構成するのは大企業ばかりです。それも重厚長大型の製造業が多く、景気刺激的な政策を好む傾向があります。それにしても経団連は安倍政権に追従し、みずからまとめた「将来ビジョン」のなかに、2020年にGDP600兆円は達成できる、との見方を盛り込んでしまいました。

それでも最近は、経団連も含め財界の要職にいる大企業トップのなかにも、アベノミクスに懸念を示す人も増えてきました。安倍政権による消費増税の延期や大規模な経済対策が、財政の先行きに悪い影響を及ぼすことを心配する声もあります。

経団連の役員でもある企業の会長は「本来ならこれほど支持率が高く強い政権なら、みんなが嫌がる政策をやることにエネルギーを使うべきなのに、政権の延命ばかりにエネルギーを使っている」と話します。また、別の大企業の会長も「消費増税の延期は処方として間違いだった。榊原経団連会長はその安倍政権を支持したが誤りだ」と指摘します。

私が有力企業のトップたちに、オフレコを前提に話を聞いた印象では、本音ではアベノミクスに批判的な経営者がかなり増えています。ところが、アベノミクスの修正や見直しを求める大きな声は表だっては出てきません。経済界への政権の無言の圧力が「物言えぬ空気」を今も作っているのです。それを乗り越え、経済人たちが大きな批判の声を上げないかぎり、この異常な政策を進める政権に路線転換を促す圧力にはならないでしょう。

9　借金大国の未来

「アベノミクス失速」という見方は経済の専門家だけでなく、国民にも財界にも広がってきたのですから、この政策をさらに強めるのか軌道修正するのか、本来は国会でもっと本格的で本質的な議論をすべきです。

ところが2016年の通常国会で、アベノミクスは安保法制と違って大きな争点にはなりませんでした。野党も時折、「アベノミクスは失敗だ」と批判するものの、ではどう失敗しているのか、どう修正していくのか、という具体論のところで踏み込みが足りず、論戦は盛り上がりに欠けました。

国会でアベノミクスを問い続けている国会議員は少ないのですが、熱心な議員の1人が前述の藤巻健史参院議員です。安倍首相や黒田日銀総裁に政策のおかしさを重ねて質問しています。

藤巻さんは著名投資家のジョージ・ソロス氏の投資チームにいたこともある金融市場のプロ中のプロです。その目にはアベノミクスがたいへん危うく映っています。財政事情がこれほど悪いなかで財政出動を続け、日銀が異次元緩和でマネーをばらまき続けているのは、国民の潜在的負担をとてつもなく膨らませているからです。

ハイパーインフレよりも穏当な着地シナリオ

藤巻さんがとりわけ重大と見るのは、返済可能な域を超えた1000兆円にのぼる政府債務の存在です。もはやこれを増税だけで解決するのは、とても無理。まして歳出削減で何とかできるというのは夢物語です。

「ここまできたら、調整インフレを起こさないと解決できないのではないか」と藤巻さんは言います。たとえば毎年5～7%のインフレが10年続けば、借金の実質負担は半分になるからです。ただし、そううまい具合に安定して5～7%の物価上昇でとどまる保証はありません。もっと高インフレになる恐れもあります。仮に期待通り5～7%にとどめたとしても、国民生活にもたらす負担はきわめて大きなものとなるでしょう。なぜなら、こんど日本経済が迎えるインフレは低成長のなかで迎える可能性が大きいからです。

現在でも2%幅の消費増税でこれだけ「生活が苦しくなる」という反対の声が大きいのに、物価が5～7%、しかも毎年上がれば、国民生活は間違いなくパンクします。つまり藤巻案はそれほど厳しいのです。厳しいインフレに加え、増税と歳出改革も併せて実行するというのですから。しかし、そこまでしないと世界最大の借金大国の未来は描けない、というのです。藤巻さんはこう言います。「そのシナリオは国民生活にとってたいへん厳しいように見えるでしょうが、実はそれがいま考えられうる最も穏当な着地シナリオではないかと思います」

国債暴落や通貨円の暴落によって、物価が何百倍、何千倍と跳ね上がるハイパーインフレなどの「破局シナリオ」を避けるためならば、そういう道を歩むより仕方ありません。ところが、日銀がやっている異次元緩和は、その穏当シナリオの道さえ閉ざし始めているのです。日銀は毎年、新規発行国債の2倍もの量の国債を買い続けています。これは事実上の「財政ファイナンス」です。歴史が教えてくれるのは、そういう目先のことしか考えない金融政策にはハイパーインフレのような悲惨な末路が待っているということです。

そして、異次元緩和のさらに恐ろしいところは、たとえ「出口」にたどり着いたとしても、うまく着地できるかどうかわからないことです。もし日銀がいま続けている国債の大量購入をやめて、逆に保有する国債の大量売却を迫られれば、国債価格は必ず急落します。そんな市場環境のなかで新しい国債を発行することなどできるのでしょうか。

そういう状況の中でも財務省は日銀以外の国債の買い手を見つけ、赤字を埋めつつ、毎年度、毎年度、予算編成をしなければなりません。一方で大量の国債を抱えている日銀は含み損が膨らみ、債務超過状態に陥る可能性があります。そのときでもなお、日銀は金融政策を正常なかたちで機能させられるのでしょうか。「出口」を考えると、あまりに問題が山積しています。こうすれば難なく解決する、という正答は用意されていません。

「とりあえず現状維持」の怖さ

そこで、ある疑いが浮かんできます。異次元緩和で経済の好循環が生みだせないことがはっきりしてきたのに、当局が政策をやめようとしないのはなぜなのか。それは政権や当局者たちにとっても、当面この状態を続けることが最も心地良いからではないのか、という疑問です。当局者たちは、将来リスクに目をつぶって目先の安定を求め、「とりあえず現状維持で」という気分に陥っているのではないでしょうか。あるいは誤りを認めることで責任を問われるのを恐れているのでしょうか。

そんな疑問を、財務省や日銀の幹部たちに直接ぶつけてみました。すると、全員が「一刻も早く出口を迎える方がいいに決まっている」と言って、「現状維持説」を否定しました。ただ、何人かはこうも付け加えました。

「私たち一人ひとりはそう思っています。けれども、組織としては結果的に『今の状態が楽』という気分になりかけているのは間違いありません」

アベノミクスを延々と続けることで蓄積していくリスクのツケは、いずれ国民に回ってきます。だから政権や当局にはそんな刹那主義に陥ってもらっては困ります。しかし、少しでも景気が悪くなれば何兆円もの規模の経済対策を求め、お金をばらまき続ける大胆な金融緩和を歓迎し、消費増税の延期を喜んできたのは私たちです。国民がそれを望んでいるから、安倍政権は支持率維持のためにそういう政策を続けるわけです。

それが私たちの未来を危うくするものになるのは明らかです。ならば、まず私たち自身が政権に「求めること」をやめなければなりません。増税延期も、経済対策も、減税も……そうでないと、破局シナリオへの道は修正もできず、本当に止められなくなってしまうでしょう。

ドイツの政治経済学者ヴォルフガング・シュトレークは『時間かせぎの資本主義』（2016年）で、各国の中央銀行は国債や株式購入によって「国家と二人三脚で危機の表面化を防いでいる」と指摘しています。しかし、「その時間かせぎはそれほど長くは続かず、早晩限界が来る」とも言っています。「時間かせぎ」や「先送り」に陥りがちなのは世界共通。それは人間の本性によるものなのか、あるいは資本主義や民主主義の構造的欠陥によるものなのでしょうか。

10 「異論排除」の官邸主導人事

安倍政権は、いろんな場面で従来の自民党政権とは違ったやり方をする政権です。安全保障法制や解釈改憲のゴリ押し、メディアや野党への容赦ない口撃……。内閣法制局長官やNHK関連などで同意見の者ばかりを登用する人事も挙げられます。日本銀行でも、安倍政権が「アベノミクス人事」とも言えるような、露骨な人選をして「金融政策決定会合」の委員に送り込みました。

総裁をはじめとし、2人の副総裁、6人の審議委員の任命には国会の同意が必要です。これまでは日銀や官庁、銀行界、学界などの出身者から、金融政策の見識や経済に深く広い視野をもっている人たちを選んできました。時の政権の意向に金融政策が左右されてしまうと判断を誤る可能性があるので、主要国では中央銀行を政府から独立させている国が多く、日本でもその趣旨にもとづいて、政権の考えに近い者だけを選ぶなどというやり方が取られたことはありませんでした。

安倍政権はその伝統をひっくり返しました。第2次政権が発足してすぐに「大胆な金融緩和」を日銀に求めました。そこで安倍首相は「次の日銀総裁には、その考えを理解してくれる人を起用する」と表明しました。当時、リフレ論に賛同する者は日銀や経済学界では少数でしたが、安倍政権はその少数派を起用していく方針を示したのです。

ないがしろにされた中央銀行の独立性

まず登用したのが黒田東彦総裁と岩田規久男副総裁でした。黒田氏は財務省出身ですが、かねてから財務省きっての金融緩和論者で日銀に批判的でした。岩田氏は20年以上前から「金融の量的緩和が足りない」と日銀批判の論争を続けていた代表的なリフレ派学者です。審議委員も交代期が来るたびに、リフレ論を唱える者、あるいは反対しない者にすげ替えられていきました。官邸がそういう観点で人選を進めた結果、プロの世界では無名のエコノミストが起用されるケースもありました。

2016年7月末の金融政策決定会合では、日銀は追加緩和を7対2の賛成多数で決めました。日銀が買い入れる上場投資信託（ETF）の額を年間6兆円に倍増したのです。株式市場にとっては日銀が巨額の投資家として株式市場に資金をさらにつっこんでくれるわけですから、大歓迎です。しかし経済状況から冷静に考えれば、日銀が追加緩和をする環境ではありませんでした。日銀がこの日に発表した「展望リポート」では、景気の現状を「緩やかな回復を続けている」と判定しました。しかも今後についても「緩やかに拡大していく」という見通しを示しました。有効求人倍率や完全失業率などの指標が改善傾向を示し、景気はそれなりに安定していました。

このとき、官邸側からは日銀に対して水面下で、「政府の経済対策に協力して追加緩和してほしい」と強く求めていました。黒田総裁ら執行部から提案された「追加緩和案」に賛成した7委員（総裁・副総裁の合計3人を含む）は全員が安倍政権下で起用されたメンバーでした。

逆に反対した2委員は、第2次安倍政権が発足する前に就任していたメンバーです。1人は野村證券の経済調査部長兼チーフエコノミストを務めていた木内登英《たかひで》氏、もう1人はモルガン・スタンレーMUFG証券チーフエコノミスト兼債券調査本部長を務めていた佐藤健裕氏。この2人の反対理由は「市場の価格形成に悪影響を及ぼす」など、もっともな理由でした。日銀の金融政策は広く国民生活に影響します。その政策を決定する場で、こうした執行部への合理的な反論は次第に少なくなってきています。政権が任命したアベノミクス支持論者が審議委員の多数を占めてきたためです。これでは当然、執行部の路線に対するチェック機能は失われ、ますます政権に都合のよい金融政策に流れていきかねない現状です。「政権の意向に左右されることのないように」という中央銀行の独立性の趣旨は、この政権ではまったく見向きもされず、ないがしろにされつつあります。

11　鳴らなくなった警報装置

これまで説明してきた危険な政策の上にいまの私たちの生活はあります。その認識がどのくらいの国民にあるのでしょうか。朝日新聞の2016年8月の世論調査では、アベノミクスについて「成功」と考える人、「失敗」と考える人のどちらも4割ほどになっています。次ページの**図表1-7**を見てもわかるように、高いときには6割を超える人がアベノミクスを評価していました。それと比べると、ずいぶん評価を下げましたが、まだ評価し期待している国民も4割近くいることになります。これは、なぜなのでしょうか。

私は、アベノミクスのリスクを感じとっていない国民がまだ多いのも無理はないと思っています。なぜかと言えば、ふつうなら財政の健全度、危険度を国民に知らせてくれるあ

7 アベノミクス評価、世論の推移

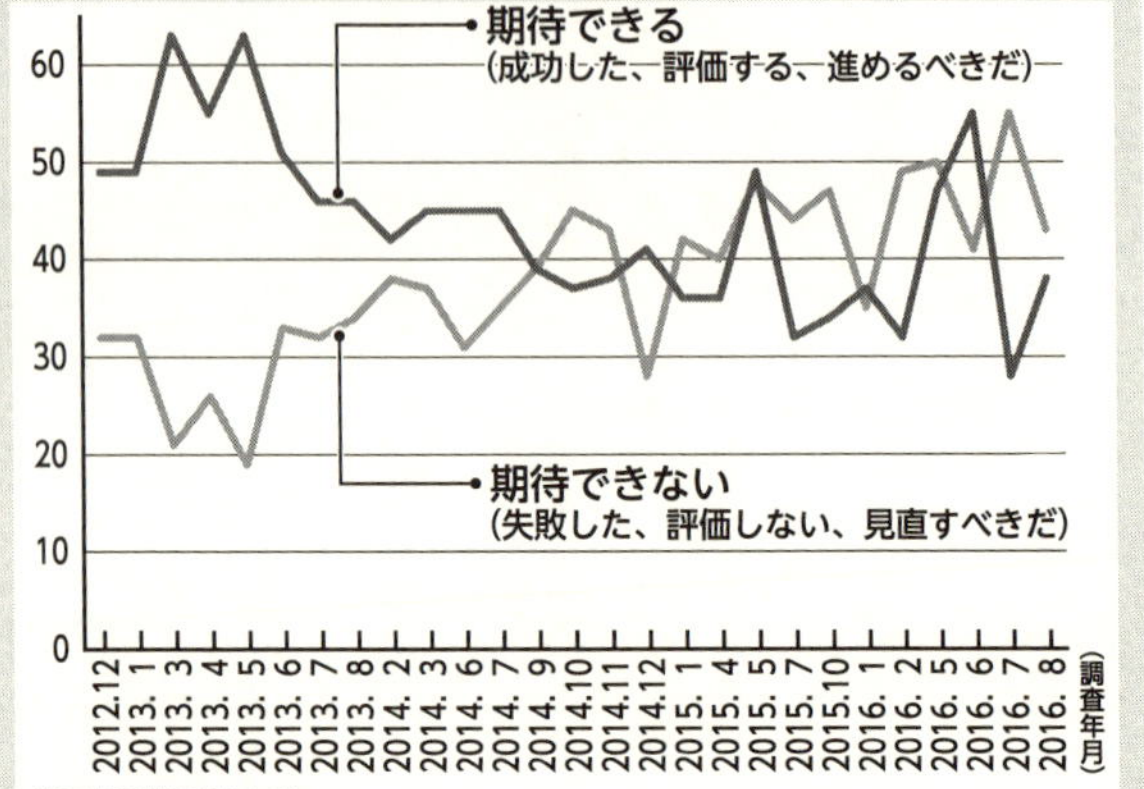

(朝日新聞世論調査より)

らゆる「警報装置」が正常に作動していないからです。

代表例が国債市場です。正常な状態の国債市場では、政府の借金財政がひどくなれば、国債がちゃんと償還されなくなる恐れが出てくるので、国債が値崩れします。それが財政への警鐘となるので、政府がやたらと借金を増やせなくなります。ところが、今はこんなに借金が膨張しているのに国債が値崩れしません。

日銀が大量の国債を買い支えているからです。

これでは、いくら借金を積み上げても国債の高値はなかなか崩れず、警報が鳴らないのです。

政権批判はご法度？

安倍首相が消費税率10％への引き上げの再延期を決めたとき、日本商工会議所の三村明夫会頭は記者会見で遺憾の意を示しました。「もし（再延期後の引き上げ時期である）2年半先に上げられないようなら、日本はおそらく財政的に破綻する」と語りました。もっともな指摘です。ただ、こうした発言が出てくるのは今の財界では珍しいことです。むしろ目立つのは理屈ぬきの政権支持の声です。象徴的だったのが、消費増税の再延期についての経団連の榊原定征会長の発言でした。もともと経団連は予定通りの実施を求めていました。ところが安倍政権が再延期を発表すると、一転してそれを支持し、翌日の記者会見で榊原会長は「経団連としてはこの決定を尊重したい」と述べたのです。

私は経団連の方針転換に疑問を感じ、記者会見で榊原氏に次のような質問をしました。「先進国で最悪の財政を立て直さなければいけない時に、消費増税の延期と、大型の財政出動はたいへん問題だ。なぜ支持するのか？」と。さらに同席していた16人の副会長たちに「会長の方針に異論があったらコメントをいただきたい」と尋ねました。

すると、榊原会長が少々語気を荒らげて「（やみくもに）支持しているのではありません。

主張しているのです」と言いました。さらに、すぐ隣の副会長たちを見回しながら、「異論のある方はいらっしゃらないですね？」と強い調子でクギを刺したのです。

財界で安倍政権への批判や異論の声はなかなか広がりません。それは安倍一強政治のもとで、「政権批判はご法度」という空気が強いからです。財界だけにとどまりません。自民党も、公明党も、官僚組織も同じです。長年、「税の番人」の役目を果たしてきた自民党税制調査会の幹部たちも、財務省の官僚たちも、首相の消費増税延期に対し、表だって異論を唱えることはありませんでした。

いま消費を萎縮させている「国民の将来不安」を取り除くには年金や医療、介護、あるいは子育てなどの社会保障の立て直しが急務です。そのためには恒久的な財源が必要なので、増税などの負担増や、社会保障予算の効率化などの歳出改革が避けて通れません。ところが、円安株高という金融市場への働きかけばかりを優先し、それでバラ色の未来を喧伝してきたアベノミクスは結局、そうした地道な取り組みから人々の目をそむけさせ、それに取り組むべき時間を奪ってしまっています。首相の言う「この道」の先も警報装置を欠いたまま進んでいくことが、いかに危ういことか。私たちはまず、そのことをはっきり知っておく必要があります。

第２章　黒田日銀、失敗の本質

1　非論理的な「異次元緩和」

中央銀行の役割は、宴たけなわになったところでパンチボウル（パーティーのお酒）を運び去ること――。半世紀前に米連邦準備制度理事会（ＦＲＢ）のウィリアム・マーチン議長が語った比喩はたいへんポイントをついています。世の中が好景気に浮かれているときに、みんなに嫌われてでも金融を引き締め、経済秩序を守る。それが当局者の使命なのだ、と。今も語り継がれるその言葉を、２０１５年12月に9年ぶりの利上げを果たしたジャネット・イエレン議長もかみしめているにちがいありません。

ところが、われらが日本銀行にその精神はどこまで受け継がれているのでしょうか。開始から3年半となる異次元緩和の手じまいは当分なさそうです。それどころか、最近も追加緩和をしているくらいですから、いわばパーティーでありったけの酒をふるまい、会場は酔っぱらいだらけになっているのに、給仕が「まだまだ酒は飲み放題ですよ！」と宣伝して回っているようなものです。

「成長信仰」に加担する日銀

日銀の何が問題かといえば、マーチン議長が伝えるような中央銀行の役割を果たさず、安倍政権の「成長信仰」路線に加担していることです。安倍政権に起用された日銀の黒田東彦総裁は2013年春に就任すると、すぐに「異次元緩和」と呼ばれる、大規模な金融緩和に着手しました。専門用語で「マネタリーベース」と呼ばれる金融機関向けのお金の投入量を「2年で2倍に増やし、物価上昇率を2％にする」と約束したのです。

黒田総裁の狙いは次のようなものでした。日銀が「2％」というインフレ目標を示し、大胆な金融緩和策を続けていく。すると、世の消費者や投資家たちが「日銀がそこまで公約して金融緩和を続けるのだから、きっとモノやサービスの値段はこれから上がっていくのだろう」と信じるようになる。そうなれば、モノやサービスの値段が上がる前に買っておこう、投資しておこうという消費者や企業が活発に行動するようになる――。

そのシナリオ通りに進んだならパーティーを終える算段もできたでしょうが、現実はそうではありませんでした。その後の展開を見るまでもなく、黒田日銀の政策には当初から大きな疑問が浮かんでいました。ふつうは景気がよくなってモノが売れるようになり、そこではじめて物価が上がったり給料が増えたりします。では、逆に何らかの理由で物価が上がり始めたら、景気は良くなるものなのでしょうか。消費者は「物価が上がる前に買っておこう」と消費を活発にするのでしょうか。物価だけでなく人々の給料も上がっていくのでしょうか。

これまで中央銀行の金融政策は、経済学の教科書通りのオーソドックスなやり方で、科学的に、あるいは伝統や経験にもとづいておこなわれるのがふつうでした。ところが、黒田日銀が取り組む「異次元緩和」は、どの経済学の教科書にも出ていない異質な試みです。論理的に説明されているようで、実は論理的ではありません。かといって経験にもとづき、経験知を生かした手法でもありません。

異次元緩和がスタートする以前には、リフレ派の中に「日銀の量的緩和のレベルが米欧より低すぎる。もっと引き上げるべきだ」と指摘をする人たちがいました。それはまったくの誤りです。そういう論者が示すのは、中央銀行の量的緩和度を示す指標（名目ＧＤＰに占める中央銀行の資産規模）が２００８年のリーマン・ショック時を起点にして、そこからどれだけ増えたか、というグラフでした。たしかにそれだとリーマン・ショックのあとに量的緩和を始めた米国や、緩和を強めた欧州の伸び率が高くなります。しかし、実は日

8 日・米・欧の量的緩和の規模（マネタリーベース対名目GDP比） 単位：%

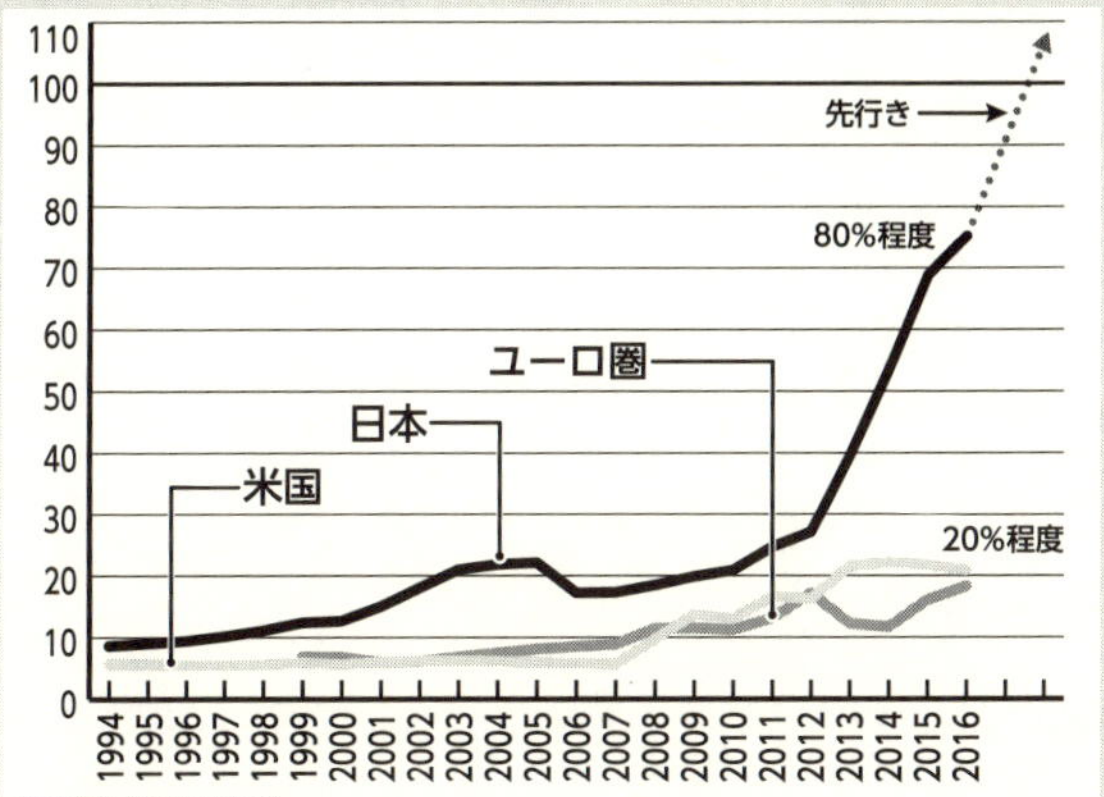

（日本銀行資料より作成）

銀はすでに黒田総裁の前任の白川方明《まさあき》総裁以前の時代にも相当なレベルの緩和に乗り出していました。起点とするリーマン・ショックの時点で、米欧の中央銀行に比べ、日銀ははるかに資産を巨大に膨らませていたのです。

いまも年間80兆円ペースでマネタリーベース（言い換えれば、中央銀行がつくる世の中のお金の土台）を増加させている黒田日銀は、世界でもダントツの量的緩和状態です。対GDP比の資産規模では、日銀が80%というレベルまで膨らんでいるのに対し、米国も欧州も20%程度にとどめています（**図表－8**）。この量的緩和をいくら強化しても、つまりお金の投入量を増やしても経済成長には結びつかず物価も上がらない、というのは2001～06年に日銀が世界で初めて導入した量的緩和の「社会実験」で証明ずみです。

そこで日銀が新たに持ち出した論理は、人々のインフレ期待に訴える、という「期待の経済」理論でした。日銀が物価を上げると約束して金融政策を続けると言えば、人々は「きっと物価は上がるだろう」と考えるようになり、予想インフレ率が上昇するというのです。これは経済学というより、一種の心理学の応用のような政策です。

2　マイナス金利導入と「インパール作戦」

さて、それから約3年後。

「きょうの黒田総裁の表情はさえないなあ」と私が感じたのは、2016年6月中旬の日銀本店での記者会見のときでした。いつもならどんな厳しい質問にも、あえて笑顔を見せて答える黒田総裁が、その日に限っては笑顔を見せることがほとんどなかったのです。しかも会見の冒頭には、疲れからなのか何度も目をしばたたかせていました。さらにその姿をとらえようと新聞各社の報道カメラマンたちが激しくフラッシュをたいたものですから、黒田総裁はまぶしくてますます目が開けられなくなってしまいました。その間ほんの数十秒ほどの出来事でしたが、厳しい状況に追い込まれている黒田氏の胸中をのぞいてしまったような気になりました。

そもそも就任当初、一身に期待を集めていたころは、黒田総裁の大きな手ぶりや満面の笑みの写真をたくさん撮影してきた報道カメラが、こんどは笑顔でなく疲れた表情をシャッターチャンスとして狙うようになった。そのこと自体が日銀を見つめるメディアの視線の大きな変化を表しています。

苦し紛れのマイナス金利

2016年2月、日銀は、金融機関が日銀に預ける当座預金の一部に初めてマイナス金利を導入しました。これも「インフレ目標が実現できていない以上、もっと緩和を強化するのだろう?」という金融市場からの催促に抗しきれず、追い詰められた日銀が苦し紛れに出した政策でした。この政策が打ち出されてからというもの、海外経済の動揺もあって、株式市場や外国為替市場で相場が乱高下を繰り返しました。さらにマイナス金利は、ローンビジネスで利ざやが取れなくなった金融機関の収益を圧迫しました。資産を長期運用する年金や保険も運用益が取れなくなり、事業の持続性に影を落としています。

それでも日銀は表向き、強気の姿勢を崩しませんでした。黒田総裁も「やれる手はいくらでもある。目標は達成できる」と言い続けました。総裁はそう言うしかないからです。なぜなら、日銀が進める「インフレ期待を高める政策」というのは、日銀が自信をもって「物価を上昇させます」と国民に公約することで、人々が物価は上がると考えるように促す政策です。いわば心理ゲーム、ポーカーゲームのようなものです。日銀自身が「弱いカード」しか持っていないような顔色を見せてしまったら、他のプレーヤーたちになめられ、ゲームに負けてしまうと考えているのでしょう。

黒田総裁がそういう金融政策を珍しく比喩的に語った言葉があります。国際会議での講演で、「ピーター・パンの物語に『飛べるかどうかを疑った瞬間に永遠に飛べなくなってしまう』という言葉があります。大切なのは前向きな姿勢と確信です」と述べたのです。これはかなり核心をついた比喩です。ピーター・パンのように「空を飛べる」とみんなが思ってほしいと呼びかけているのです。「物価は上がる、物価は上がる……」と自己暗示をかけよ、と。こうなると、「期待の金融政策」の本質とは、経済政策というより宗教のようなものに思えてきます。

日銀はいまさら期待に水を差すような説明はできず、自縄自縛に陥っています。物価が急に上がりはじめる兆候はなく、日銀のインフレ目標は当分、実現しそうもありません。少なくとも黒田氏の総裁任期である「5年以内」の達成は絶望的だと見られています。

マイナス金利導入を発表し、仕組みを説明する黒田日銀総裁＝2016年１月29日＝東京都中央区

この日銀の現状を、第2次世界大戦のときの旧日本軍になぞらえて見る経済専門家の声を最近しばしば聞くようになりました。なかには「日銀はついにインパール作戦に踏み込んでしまった」と言う人もいます。

インパール作戦とは1944年3月、すでに敗色濃厚になっていた旧日本軍が起死回生を狙ってビルマ（現ミャンマー）の拠点防衛のため、英国・インド連合軍が待ち構えるインド東部のインパール攻略をめざした試みです。投入した兵力が10万人という大がかりな作戦でした。しかし、この作戦は莫大な犠牲を払うことになりました。4カ月に及ぶ戦闘で投入兵力の3分の1、約3万人が戦死し、戦傷や戦病のために後方に送り返された兵士が約2万人。さらに残り5万人の半分以上もマラリヤや飢えで倒れたのです。撤退部隊の通る道はあまりに多くの死者が連なっていたため「白骨街道」と呼ばれたそうです。

これはミッドウェー作戦やガダルカナル作戦と並び、旧日本軍の代表的な失敗作戦の一つです。日本軍を組織論から分析したことで有名な著書『失敗の本質——日本軍の組織論的研究』（戸部良一他、1984年）によると、このインパール作戦は突進一点張りで始めた無謀な賭けであり、「しなくてもよかった作戦」でした。当初、現地司令官たちが「実行には困難が伴う無謀な作戦だ」と反対していたといいます。なにしろ作戦実行期間のころは雨期とも重なり、険しい山系や大河を越えていかなければなりませんでした。ジャングルが一帯を覆い、食料調達も至難だと考えられていました。しかし、作戦は中止されず、「大東亜戦争」そのものの戦局悪化を一気に挽回する大勝負として実行に移されることになりました。

まるで、それまで大々的に展開してきた量的緩和の結果がなかなか出ず、ついにマイナス金利政策にまで手を出してしまった日銀の状況のようです。日銀のマイナス金利政策は

「苦し紛れの策だ」と批判を浴び、むしろ金融機関の収益悪化など弊害が大きいと言われています。

インパール作戦は失敗がはっきりしてからも、なかなか中止とはなりませんでした。作戦を推進した中心人物である第15師団の司令官、牟田口廉也《むたぐちれんや》中将が後に明らかにしたところによると、牟田口中将は失敗濃厚となってから上官である方面軍司令官と打ち合わせをした際、みずから中止を進言しなかったものの「私の顔色で察してもらいたかった」のだといいます。司令官も牟田口中将が口に出さない以上、中止を命じませんでした。そして作戦は続行され、戦死者は累増したのです。

「私の顔色で察してもらいたかった」……。牟田口中将の言い訳はなんとも身勝手なものでした。冒頭に書いた黒田総裁のさえない顔色を見て、そういうメッセージを発しているのではないかという気さえしてしまうのです。

大本営発表を続ける黒田日銀

インパール作戦の当時、大本営は作戦の失敗を国民に明らかにしませんでした。当時は国威発揚のために楽観的な見通しばかりを報道機関を通じて国民に伝えていたのです。当時の朝日新聞をみると、作戦を報じる1面は大本営発表で埋め尽くされていました。見出しには威勢のいい言葉が並んでいます。

「我主力、インパール平地進撃」「敵陣に深刻な動揺」「印度国境へ進撃、英印軍を殲滅《せんめつ》」

しかし、実情は大敗北でした。それもすぐに失敗が明らかになっていたのに、撤退の判断が遅れたために、前線の兵士たちの被害をより甚大なものにしてしまいました。早く作戦を中止していれば救えたかもしれない兵の命が、指揮官たちの判断の間違いによって救えなかったのです。

そしていまの日銀もまた、掲げるインフレ目標の実現や異次元緩和の効果について、根拠に乏しい楽観的な「大本営発表」を続けています。人々のインフレ期待に働きかけようとする金融政策では、「必ず成功する」と人々を信じさせることを何より優先するからです。ということは、逆に期待をしぼませてしまうような〝不都合な真実〟は説明しない方がいいという判断になってしまいます。しかし、だとすれば誰が国民に対して、日本経済の真実を、金融政策がもたらした巨大なリスクを、正しく説明してくれるのでしょうか。

私が直接取材してきたここ数代の日銀総裁の記者会見とくらべると、黒田総裁の記者会見は明らかに説明責任の態度を欠いています。会見時間は歴代総裁と同じくらいたっぷり取りますが、いつもお定まりの答弁を繰り返しているだけで、記者が本当に知りたいことには答えてくれません。

三代前の日銀総裁だった速水優氏（総裁任期1998～2003年）は、かなりがんこな円高効用論者でした。二代前の福井俊彦氏（同2003～2008年）は独特の比喩を用いた説明で記者側を納得させてしまうほどの説明上手でした。そして前任の白川方明氏（同2008～2013年）は日銀きっての理論家であり、理論も駆使して現状説明を試みていました。総裁それぞれに個性はありましたが、質問の意をくみとり経済の実態や政策の意図をていねいに、正確に説明しようと努める態度はみな共通していました。

一方、黒田総裁は異次元緩和が直面している厳しい現実を正直に語っていません。日銀が金融政策の一環としておこなっている巨額の国債買い支えは国債の利回りを著しく下げ、安倍政権が赤字財政を続けながら財源を安定的に低いコストで調達する道を開きました。同時にそれは政権の財政の節度を失わせてしまってもいます。ついに安倍政権は消費増税を延期し、過剰な財政出動の計画をつくり始めました。日銀の金融政策が財政規律を失わせる土壌になっていることに、黒田総裁は気づいていながら口をつぐんでいます。

一度戦争に踏み込んだら、敗色濃厚でも突き進むしかない——。かつて日本軍が陥った罠に、黒田日銀もはまってしまったのではないでしょうか。

3 サプライズという「一発芸」の連発

日銀が金融政策決定会合で「マイナス金利政策」の導入を決めた2016年1月29日の午後、株式市場や外国為替市場に大きな驚きが広がりました。日経平均株価はいったん大きく上昇し、すぐに前日の終値水準を割るまで下落しました。そして再び上昇といった具合に激しく乱高下したのです。相場の動きからは市場関係者や投資家たちがどれだけパニックに陥ったかがわかります。日銀のマイナス金利の導入をまったく予想していなかったのです。日銀の決定はそれほど「サプライズ」でした。

サプライズも場合によって求められることがあります。外国為替市場で円相場が急変動したときに財務省・日銀がまれに実施する為替介入です。意図的に円買いや円売りを繰り返すことで一儲けを企んでいる投機筋などを牽制する狙いがあるからです。裏をかいて一泡ふかせるには市場の予想を裏切る必要があります。介入のタイミングも規模も「手の内が読めない」と思わせることが重要なのです。かつて財務省で財務官として通貨外交を指揮したことのある黒田総裁にとって、それはなじみのある手法です。

ところが、日銀の金融政策はまったく別です。金融政策の目的は、企業や家庭が安定した経営や生活を営むために、できるだけ安定した金融環境を作り出すことです。だから近い将来の金融政策はこうなっていくだろうという予想を、多くの人が共有していたほうがいいのです。とりわけ改正日銀法が施行されてからのここ20年ほどはそうです。

年に8回開かれる定例の金融政策決定会合で金融政策が決められていますが、賛否の票数やどのような意見が交わされたかなどが即座に公表されるようになりました。公表された情報を見れば、決定会合のメンバーがどんな景気判断に傾いているのか、どのような景気の予想をもっていて、どんな政策変更がありそうかなどを予想しやすくなるのです。総裁や副総裁らによる記者会見や講演発言もあり、政策変更の前には何らかの兆候が見えてくるものです。むしろ兆候を見せるためにこうした仕組みが導入されたと言ってもいいくらいです。

金融環境の安定が本来の役目では？

ところが、日銀の黒田総裁の発言は、その日銀の制度や精神にのっとっているのか疑わしいと言わざるを得ません。マイナス金利政策の導入を発表するまで、マイナス金利導入を「まったく考えていない」と言っていたのですから。「選択肢として検討している」とか、「採用する可能性はゼロではない」とでも説明していれば、銀行や市場関係者も心の準備をできたのでしょうが、そこまで全面否定されていれば、さすがにあのタイミングで導入することを誰が予想できたでしょうか。

ふだん日銀と日常的に情報交換をしている大手金融機関にも想定外の出来事でした。これまで経験したことのないマイナス金利政策が導入されるなら、銀行の決済システムなどのプログラムを変更する必要があります。しかしそのような可能性はないと日銀総裁がほのめかしていた大手銀行が準備をしていなかったとしても責められません。

日銀はマイナス金利政策を導入する可能性が少しでもあるなら、金融政策決定会合の議事や総裁の説明などでそのサインを示しておくべきでした。それがなかった以上、意図的にサプライズを狙ったとしか思えません。日銀はその見方を否定していますが、私はおそらくサプライズそのものが目的だったのではないかと考えています。

黒田日銀は2013年春に発足すると、すぐに異次元緩和を打ち出し、世の中に「サプライズ」を与えるところからスタートしました。市場も金融緩和を予想していましたが、それをはるかに上回る規模の緩和だったのです。

当初はそれがある程度は当たりました。政権も、経済界も、金融市場も異次元緩和を大いに歓迎しました。海外メディアからはその威力が大砲レベルだということで「黒田バズーカ」と、もてはやされました。

黒田総裁は当初「戦力の逐次投入はしない」と宣言しました。それほど大胆な金融緩和メニューであり、できる政策はすべてやり尽くしたと説明していたのです。このため、2014年10月に追加緩和をするときも、またサプライズになりました。

「戦力の逐次投入をしない」公約は破られましたが、このときは円安と株高が進み、うまくいったと歓迎されました。結果として2回の「サプライズ緩和」は、金融市場からも、国民からもおおむね好意的に受け止められたのです。

その成功体験が日銀にあったことで、マイナス金利政策の導入も「サプライズでやろう」という動機づけになった可能性があります。日銀が重視したのは、金融政策それ自体がもつ政策効果ではなく、サプライズがもたらすであろう世の中の〝気分〟の転換だったのではないでしょうか。

そう考えると、この日銀のやり方は、一発芸で観客を沸かせ、つかの間のブームをつくろうとする「一発屋芸人」に似ています。地道な修業で芸の王道を進むのでもなく、芸域を広げてどんな舞台にも対応できる備えをしておくのでもない。その場だけの人気取り。そんな安易な道を日銀が進んでいるように見えます。

マイナス金利政策の導入から1カ月ほどたった日銀の金融政策決定会合で、委員の1人からもサプライズ狙いについて苦言がありました。「サプライズが市場の不安定化に拍車をかけた」と。追加緩和のたびに新たなサプライズを市場に与え刺激するやり方は、いつまでも続けられるはずがありません。金融政策にはもっと息の長い、落ち着いて見ていられる名人芸こそが求められているはずです。

4　景気と株価の逆転現象

金融市場というのは景気の好不調を示す「体温計」であり、実体経済を映す「鏡」のはずでした。ところが今や、そんなことは言えなくなってきました。景気が悪化すると株価が上がる、景気が改善すると株価が安くなる――そんな逆転現象が起きているのです。

いろいろな景気指標が毎月発表されています。たとえば、企業の生産の増減、個人消費の好調不調、雇用がいいか悪いか……といった指標です。それらで「悪化」が示されれば、正確な体温計であれば株価は下がるはずです。ところが最近ではこのような場合に株価が上昇するケースが増えているのです。

これは日本だけでなく、ニューヨークやロンドンなど海外市場も同じです。2016年8月、米国景気が「力強さを欠く」という経済指標が出てきました。もっといいと見られていた米国経済がそれほど良くなかった、というデータです。それを材料にダウ平均、S&P500種株価指数、ナスダック総合株価指数が最高値をつけました。さらにこれを受けて新興国の株価も同じように上昇しました。韓国、香港、ブラジル、メキシコなどで今年最高値をつけたのです。こうした現象は何を意味するのでしょうか。そのカギは日米欧の中央銀行による異常な規模の金融政策にあります。

景気が悪くなると株価が上がる

日本銀行、米連邦準備制度理事会（FRB）、欧州中央銀行（ECB）は、いずれも大規模な金融緩和をしています。その一環として金融市場から直接、間接に大量の金融商品を買っています。いま景気が悪化し始めたら何が起きるでしょうか。中央銀行はきっと景気悪化を食い止めるために追加の金融緩和に乗り出すでしょう。そうなれば、いま以上に金融商品をたくさん買い上げてくれるかもしれません。そう読んだ機関投資家、投資ファンドは「株は買いだ」と判断して、株式投資を増やすのです。

逆に景気が良くなりそうな景気指標が出てきたら、中央銀行はいまの大規模な金融緩和を弱めていくかもしれません。緩和の終了時期が近づいてくると見る人も増えてくるでしょう。そうなれば、これまでのように中央銀行がお金をじゃぶじゃぶ市場につぎ込んでくれることがなくなる可能性がある。当然、金融商品をたくさん買い続けてはくれなくなります。株式相場は下がるでしょう。そう読んだ投資家が「売り」に動くのです。

投資家がこうした原理で行動するようになった結果、奇妙なことが起きてしまいます。景気がよくなると株価が下がり、景気が悪くなると株価が上がる。特殊な政策のもとで起きる特殊な現象ですが、大規模な金融政策が長引くと、特殊な政策が特殊でなくなってきます。これが常態化し、投資家も当たり前のようにそういう行動をとるようになりつつあります。

たとえば、実質賃金が下がって実体経済が不調でも、株価が上昇しているのが一例です（図表－9参照）。これでは市場が「体温計」の役割を果たせるわけがありません。

9 日経平均株価と実質賃金の推移

（日本銀行、厚生労働省資料より作成）

日銀が異次元緩和をスタートさせて3年半が過ぎました。日本の金融市場でも次第にこの特殊状況が日常的な光景になってきています。日銀は異次元緩和の一環として、株価指数に連動する上場投資信託（ETF）を年間6兆円規模で買い進めています。それ自体が株価を実力以上に押し上げる政策となっていて、株式市場を大きくゆがめてしまっていますが、個別銘柄への影響も見逃せません。

ニッセイ基礎研究所によると、日銀が時価総額の5％以上を事実上もち「大株主」になっている企業は、東証一部企業で27社にものぼるといいます。その一つが「ユニクロ」のファーストリテイリングです。実質的には同社の株式の9・0％を保有する大株主が日銀なのです。日銀が今のままETFを買い続ければ、1年後にその比率が16・5％になるそうです（「朝日新聞」2016・9・13）。

これでは個別企業の株価の見通しも、金融政策次第ということになってしまいます。金融政策が金融市場を壊している。そんな逆説的な出来事がいま現実に進行しています。

5　最有力メガバンクの反乱

前述のように、日本銀行への信頼が急に陰りだしたのは、2016年1月末のマイナス金利政策がきっかけでした。日銀の異次元緩和をめぐっては、それまでにも賛否はありました。ただ、金融市場にやさしい政策だったので経済界や市場の多くは支持してきました。ところが、マイナス金利政策を機に、一気に雲行きが変わります。日銀にもっとも近いはずの銀行界が日銀批判へと転じたのです。

銀行界は最初から批判的でした。サプライズ導入されて、銀行はシステム準備で大わらわとなりました。投資信託商品の一部は販売中止に追い込まれました。「利下げ」があったことで銀行の貸出先からは金利引き下げを迫られるようになりました。しかし限りなくゼロに近づいている預金金利はこれ以上、引き下げられません。利ざやがますます薄くなり、マイナス金利となった国債の運用益も減っていきます。

MUFG社長の苦言

銀行の日銀への不満はかなり強く、ついに公然と批判を始めました。三菱UFJフィナンシャル・グループ(MUFG)の平野信行社長はマイナス金利政策が始まってから2カ月後、東京都内で開かれた国際金融団体の総会で講演し、マイナス金利政策について「(家計や企業の)懸念を増大させている」と初めて公の場で苦言を呈したのです。

「残念ながらマイナス金利政策は懸念を増大させる方向に働いている。個人も企業も政策効果に懐疑的だ」

「銀行にとっては短期的な効果は明らかにネガティブ。資金利ざやはさらに縮小し、銀行の基礎体力は低下する」

平野社長の指摘、批判はどれも、もっともです。翌月開かれた決算記者会見でも、平野社長は「経済や金融への不透明感が払拭できず、個人の投資意欲は減退し、企業も慎重になっています」と改めて金融政策の問題点を指摘しました。そして三菱ＵＦＪが２０１７年3月期にマイナス金利政策の影響で１０００億円規模の収益減を見込んでいることも明らかにしました。

こうした銀行側の批判に対し、日銀の黒田総裁は当初、謙虚に耳を傾けるのでなく、銀行からの批判は理解しがたい、という態度をとりました。黒田総裁からすれば、銀行は史上空前の高収益をあげているのに「なぜ文句を言うのだ」という心境だったのでしょう。4月の米ワシントンでの講演で「金融市場は（マイナス金利政策発表の）2日後にネガティブな反応を示したが、それはマイナス金利ではなく国際的な金融マーケットの混乱による」と説明しました。そして「もしマイナス金利政策を導入しなければマーケットはもっと悪くなっただろう」とも強調したのです。

さらに総裁は、マイナス金利の深掘りも「ためらわない」と強調。「ＥＣＢ（欧州中央銀行）は金利のマイナス幅を０・４％に広げており、日本のマイナス０・１％はまだ緩和余地がある」と述べました。黒田総裁はこのとき、銀行界の危機意識や日銀への批判の大きさを過小評価していたのではないでしょうか。

国債購入の特別資格を返上

　このあと、ショッキングなニュースが飛び出しました。前にもふれましたが、平野社長率いるMUFGの中核企業、三菱東京UFJ銀行が国債入札に特別な条件で参加できる資格（プライマリー・ディーラー）を国に返したのです。マイナス金利政策で国債の利回りが低下し、運用手段として国債を買う必要性が薄れたためといいます。

　プライマリー・ディーラーの資格は、選ばれた有力22社だけがもつ特別な資格です。これがあれば、国債を発行する財務省と直接、意見交換できる利点があり、投資に有利な情報が得られやすくなります。一方で、国債の入札ごとに発行予定額の4％以上を応札することが義務づけられます。三菱東京UFJは、マイナス金利の国債に投資する妙味はなく、資格を持ち続けるメリットは小さいと判断したのです。

　メガバンクがプライマリー・ディーラー資格を返すのは初めてです。財務省や日銀にとって大きな衝撃でした。いまのところ他のメガバンクが追随する動きは出ていませんが、金融政策や財政の先行きに暗雲がたれこめれば、同じような動きがいつでも出かねないという危機意識を高めたのは確かです。

そんななかで、日本経済新聞が「金融庁が日銀に、マイナス金利政策は銀行経営に影響を及ぼしているとの懸念を伝えた」と報じました。金融庁によると、マイナス金利による減益のインパクトは、三菱ＵＦＪが１５５０億円、三井住友は７５０億〜７６０億円、みずほは６１０億円だといいます。さらに日銀がマイナス金利幅を拡大すると、３メガバンクは金利収入面だけでそれぞれ４１０億〜６００億円の損失が上積みされるそうです。

金融庁は副作用が予想以上に広がっていると見てマイナス金利の拡大に慎重です。いわば、ともにアベノミクスを推進していく立場の「身内」からダメ出しをされてしまったので、日銀は苦しくなりました。

そもそも、民間銀行のやる気をそぐ金融政策では逆効果と言えるでしょう。銀行が企業や家計に貸し出しを増やし、そのお金で投資や消費が活発におこなわれることで初めて金融政策が効果をもちます。肝心の銀行が元気にならなくては効果は期待できません。

異次元緩和、そしてアベノミクスという、堅牢に見えていた巨大な塔にいくつものひび割れが目立ち始めたようです。最有力メガバンクの反乱は「塔」全体を崩すものではありませんでしたが、大きなマグニチュードがあったと言えます。天に届く塔を建設しようとして、結局は失敗してしまった旧約聖書のなかの「バベルの塔」の姿が浮かぶようです。

6　世界の中央銀行が2派に分かれて論争

少し専門的な話になりますが、この低成長時代の「中央銀行」のあり方について少々論じてみたいと思います。というのも、ここ十数年の間に起きた新興国バブルとその崩壊、国債バブルによる超低金利時代（マイナス金利時代?）といった事態を招いた大本は、日米欧の中央銀行の超金融緩和策にあると思うからです。

世界の経済成長力は先進国を中心に次第に落ちてきています。金融危機や債務危機が頻発するようになりました。低成長や危機になると、中央銀行には金融緩和が求められます。その緩和の度合いが次第に大きくなり、いまでは多少の金融緩和をしても、金融市場から「物足りない」と一蹴され、政策効果が雲散霧消してしまうことが増えました。こうして「市場の催促」なるものに応えるために、中央銀行は一層〝過激〟になることが求められるようになっています。

ただ、その過激な金融政策は次の金融バブルのタネをまき、芽を育てていることに他なりません。過激な金融緩和から足抜けするのは容易なことではなく、長期化する傾向も共通のものです。すると、バブルのタネは次第に大きな木に成長し、どこかで制御不能となります。そうこうしている間に、事態はのっぴきならない状態になってしまうのです。

この20年ほどの間、世界の中央銀行はバブルへの対応をめぐって、主に2派に分かれて論争してきました。

バブル容認か、反対か

一方は、米連邦準備制度理事会（ＦＲＢ）の元議長アラン・グリーンスパン氏に代表される積極派で、こうした考え方はプロの世界で「ＦＲＢビュー」と呼ばれています。ＦＲＢ的な視点のグループというような意味です。彼らは、株や不動産などの資産バブルはある程度は避けられないものであり、もし起きてしまっても仕方ない。それが崩壊してしまったとしても、そこで改めて金融緩和で弱った経済に対処していけばいい、という考え方を採っています。事後対処型であり、いわばバブル容認論です。

こちらのグループには、グリーンスパン氏に連なるバーナンキ氏、ジャネット・イエレン氏ら歴代のＦＲＢ議長、そして量的緩和政策を推進する日本銀行の黒田総裁、欧州中央銀行（ＥＣＢ）のマリオ・ドラギ総裁らが属しています。つまり先進国の中央銀行トップはほとんどがこのグループです。本人が名乗りをあげているわけではありませんが、それぞれが推進する政策からそう見られています。

これに対抗するのが「ＢＩＳビュー」です。ＢＩＳとは60カ国・地域の中央銀行が加盟する国際決済銀行のことです。こちらの流派は、バブルが崩壊するときの経済的影響は甚大なので、まずバブルが起きないよう予防に努めるべきだ、という考えに立っています。伝統的にＢＩＳのエコノミストにはこうした考え方が根強く、こう名づけられています。

このグループに属していると見られたのが、白川方明・前日銀総裁、マーヴィン・キング前イングランド銀行総裁らです。ただ、世界の有力な中央銀行のトップからこの２人の総裁が去ってからは、ＢＩＳ派はかなり分が悪い状況です。

ＦＲＢ派の始祖ともいえるグリーンスパン氏は、議長在任中にはマエストロ（巨匠）と呼ばれ、もてはやされました。しかし後年はサブプライム問題やリーマン・ショックを引き起こす金融政策を推進した「Ａ級戦犯」として痛烈な批判を浴びました。

それほど失敗があっても、なぜどの中央銀行もＦＲＢビューを採用するのでしょうか。大きな理由として考えられるのは、中央銀行が何より怯えるのが「デフレ」だからです。１９９０年代以降の日本経済の長期停滞は「失われた20年」と呼ばれました。米欧当局はこの「日本化」だけは何としても避けたい、と考えてきました。デフレになるくらいなら、少々のインフレのリスクは気にしないという空気があったのだろうと思います。日本のようにゼロ成長のような状態が長びけば、国民の不満が高まりやすくなります。

中央銀行という仕組みはなかなか良くできた「人類の知恵」です。政府から独立した中央銀行がみずからの統治システムのなかで、適切な金融政策の判断を下し、実行していく。これは、金融政策が一見すると安上がりな経済政策であり、政治の思惑に振り回されてしまうと、乱用される恐れがあるためです。だから、中央銀行を政府や国会と距離を置いたところに独立させたのです。

とはいえ、政府から独立を勝ち取った現在の中央銀行の仕組みが確立したのは、せいぜいここ20~30年で、その歴史はまだまだ浅いのです。だから中央銀行の基盤は実はとても弱いものです。たとえバブル発生のような副作用が見込まれていたとしても、政府の意向をくんで金融緩和に傾きがちになるのもそのためです。

たとえば初の「マイナス金利政策」の導入では政治の圧力が直接なかったにしても、当時は株価急落があった局面で、政権の緩和期待はかなり高まっていました。その期待に日銀はこたえたわけです。

黒田総裁はその発表会見でも、2%インフレ目標実現のためなら「できることは何でもやる」と、いつもの決めゼリフを繰り返しました。その「何でもやる」姿勢こそが株や国債などの市場にバブルのタネをまいてきました。

金融緩和は「麻薬」です。打てば、一時はいい気分にさせられるかもしれません。しかし、中毒となれば、市場本来の調整機能を次第にむしばんで、やがては市場そのものを殺してしまいかねない。そんな恐ろしさがあります。

7 「有事の円高」が覆い隠す円暴落のリスク

金融市場では理屈に合わない不可解な現象がしばしば起きます。そのひとつが「有事の円高」です。なぜ世界経済で何か大きなイベントが起きると、円が買われるのでしょうか。2008年のリーマン・ショックのときがそうでした。2015年に中国経済への不安が高まったチャイナ・ショックも、2016年6月の英国のEU離脱問題でもそうでした。いずれも世界経済がおかしくなりそうなときに円が買われ、円高が進むのです。

貿易決済、金融決済に使われるシェアが圧倒的に高い〝基軸通貨〟であるドルが買われるのはわかります。英離脱ショックで世界の金融市場が動揺した際には、世界中でドル資金が不足するリスクが心配されました。だから日米欧の中央銀行はいざというときに金融市場にドル資金を緊急で供給する方針を確認しあいました。ドルが「避難通貨」になることが想定されたのは当然です。ただ、いざとなると、ドルとともに円も「避難通貨」として買われます。しかもドルに対しても円が買われて円高ドル安になるケースが多いのです。円は世界で「安全通貨」扱いされています。

これは不思議なことです。日本の財政は先進国で最悪の状態です。借金の返済資金を新たな借金で調達しているような状態は、いわばサラ金地獄にはまった債務者と同じです。その不健全債務者である日本政府の新たな借金を、一時的に肩代わりしているのが日銀です。「打ち出の小づち」で日本円という日銀の借金証文を振り出しまくっているのです。円の価値はだんだん怪しくなってきていると見られても仕方ありません。

なのに、なぜか足もとで円は「安全通貨」「避難通貨」と言われています。

なぜでしょうか。

なぜ円は安全通貨と見られるのか

金融関係者たちに尋ねてみました。「なぜ円は安全通貨と見られるのですか?」

こんな回答がありました。「長期的に安全だとは誰も思っていません。為替市場や株式市場の投資家たちは、1~2週間先、せいぜい2~3カ月先までしか考えていないからでしょう」

それならわかります。日本政府の国債ファイナンスが回っているかぎりは、日銀の金融政策も回っていきます。将来どこかで行き詰まるにしても、当面は何とか回るだろう、という楽観論がいまだに支配的なのでしょう。

一方で、前出の藤巻健史参院議員はこう警告します。

「円は避難通貨どころか、本当は〝危険通貨〟です。それなのに何か起きると円が避難通貨扱いされるのは、市場関係者たちが思考停止に陥っているからです」

なるほど、その説明の方が説得力がある、と私は思います。ややこしいのは、短・中期的には避難通貨とみなされながら、長期的には「円暴落リスク」さえ心配されていることです。このところ日米通貨当局の間で起きているのは、円ドル相場の適正水準をめぐるさや当てです。2016年7月におこなわれた日米財務相会談で、麻生太郎財務相はルー米財務長官からこうクギを刺されました。

「競争的な通貨の切り下げは控えるべきです」

足もとでは英国の欧州連合（EU）離脱問題の影響で急速な円高が進んでいました。日本政府としてはこの円高を止めたい。だから麻生財務相や財務省高官らは、急激な円高には円売り介入を辞さないという姿勢をたびたび示していました。ルー長官はその日本政府を牽制したのです。

たしかに1ドル＝100円近辺の水準は、しばらく前の120円水準からすると急激に円高が進んだ印象です。ただ、物価を反映した実質為替レートの長期推移では、いま円は1970年代並みの円安水準にあります。つまり円高ドル安へと急速に誘導することになったプラザ合意以前の〝超円安〟水準のころと同じだということです。1ドル＝100円を突破する円高ドル安になっても、ルー長官が「市場の秩序は維持されている」と指摘したのにはそれなりに合理性があるのです。日本の輸出企業からは反論があるかもしれませんが……。

問題は、このような「有事の円高」によって、本当に深刻な問題である「円暴落リスク」が覆い隠されてしまうことです。これで日本国民が目先の相場の動きに惑わされ、「円はやはりどこまでも強い」「安全通貨とみなされる日本の財政や金融はまだまだ大丈夫」と思い込んでしまうのが心配です。有事に円が買われるのは、世界経済は全体的にしばらく悪い状態が続くので「円の悪さが当分目立たない」という消極的な理由が大きいのかもしれません。近い将来、世界経済に本物の明るさが出てきたとき、円が抱える負の問題に一気に注目が集まらないとは言えないはずです。

8 総括的な検証——「量」から「金利」へ

日本銀行が3年半にわたる異次元緩和の「総括的な検証」の結果を発表したのは2016年9月21日でした。「検証」とは、つまり、これまでの異次元緩和のプラス面マイナス面、功罪、影響や副作用をすべて洗いだし、政策を修正する材料にするということです。

これは黒田総裁が率いる日銀にとって画期的なことでした。なぜなら黒田日銀は「反省しない中央銀行」だったからです。常に「うまくいっている」「必ずできる」と言い続け、「失敗」や「修正」は禁句だったのです。

日銀は何を間違えたのか

ところが3年半にわたるこの大規模な社会実験は失敗に終わりました。目標期限の2年が過ぎ、3年半たっても物価は上がらなかったのです。それどころか消費者物価指数は前年比マイナスが続いており、2016年8月は6カ月連続のマイナスとなる、マイナス0・5%でした。経済成長率もまったく冴えません。安倍政権のもとでの実質成長率は平均年率0・8%にすぎません。民主党政権の時期の平均年率1・7%より悪くなっています。物価と成長率だけを例にとっても、リフレという「壮大な社会実験」は失敗だったと言えるでしょう。

人々の期待は盛り上がるどころか、日銀の呪文がむなしく響くようになってしまいました。追い込まれた日銀は、軌道修正のために「総括的な検証」をせざるをえなくなったのです。

ところが日銀は、そこでもリフレの失敗をはっきりとは認めませんでした。インフレ目標が達成できなかったのは「原油価格の下落」「消費増税後の需要の弱さ」「新興国経済の減速とそれを受けた金融市場の不安定化」などの外部要因のせいだと発表したのです。まあ、物は言いようということです。ただ、現実の経済を直視すれば、リフレ派の人々が挫折感を感じていないわけはないと思います。そしてついに軌道修正に乗り出したのです。総括的な検証をした9月21日の金融政策決定会合で、緩和基準をそれまでのお金の「量」から、以前のように「金利」に戻しました。これは、リフレ（量による緩和）を主軸に据えてきた黒田日銀にとって、発足以来の本格的な政策修正と言ってもいいものでした。量を絶対視してきたリフレ派からすれば、敗北宣言にも等しいものです。

とはいえ、日銀は政策の変更はしても「緩和強化」の旗そのものは降ろしていません。緩和を長期戦で続ける構えで、異次元緩和からの「出口」はまったく見えてきません。それはなぜでしょうか。

大きな理由は、異次元緩和のぬるま湯に慣れきった金融市場への配慮です。彼らが「日銀は緩和に消極的」と見なせば、とたんに円高株安が進んでしまうからです。そうなれば円安株高を追い風としてきた安倍政権が、再び日銀に強い緩和圧力をかけてくるのは必至です。日銀が最も恐れているのはそこでしょう。金融政策決定会合の過半は官邸采配の人事で決まったメンバーであり、政策的にはすでに政権の執行機関に成り下がっています。市場と政権にからめとられた日銀は、もはや政権への抵抗力はかなり弱くなっています。

自らの判断で緩和を止められなくなってしまったようです。

黒田総裁には三つの誤算がありました。第一は、「期待の政策」の挫折です。そして第二は、金看板としてきた「量的緩和」の限界です。金融市場でお金の量を増やせば必ず物価は上がるという単純な貨幣数量説。それを信じて疑わないリフレ論。安倍晋三首相はそれを信じ、黒田日銀はその通りの政策を実施してきたのですが、思惑通りには運びませんでした。

そして三つめの誤算。それは想定以上に安倍政権の財政が弛緩してしまったことです。量的緩和で国債の金利をゼロ、もしくはマイナスに抑えた結果、巨額の借金を抱える政府の財政はかなり楽に運営できるようになりました。それどころか、安倍政権は財政再建に欠かせない消費増税を2回にわたって延期し、それほど景気が悪くないのに大型経済対策に踏み切りました。財政再建に取り組むべき立場を忘れ、放漫とも言えるような財政運営をするようになったのです。それも量的緩和の支えがあればこそできることでした。

異次元緩和を続ければ、財政の金融政策依存はますます高まるばかりです。危機感を抱いた黒田総裁は三つの誤算を認め、事実上、量的緩和に歯止めをかけ、縮小に向けて動いたのだろうと思います。

修正に動いたことは評価しますが、問題はここからです。量的緩和という金看板をおろした黒田日銀は、金利操作という伝統的な手法に帰ろうとしています。ただし、そこにも難題が山積みです。2月に導入したばかりの「マイナス金利政策」は、金融収益を圧迫するので銀行や保険会社から評判が悪く、乱発すれば金融ビジネスや金融市場を殺してしまうリスクがあります。

長期金利もコントロール

総括的検証と同時に発表したのは、短期金利だけでなく長期金利も日銀がコントロールする新しい政策の枠組みでした。日銀は短期金利までは操作できるが、さまざまな経済要因でその水準が決まっていく長期金利については操作できない、というのが伝統的な日銀の見解でした。その長期金利を日銀自身がこんどは「コントロールする」と宣言したのです。これは自信の表れなのか、単なる慢心なのか。あるいは金融政策のイノベーションなのか、それともあるべき金融政策への冒瀆なのか……。

量的緩和に歯止めをかけつつ、かといって緩和に消極的ではないことをアピールするために、日銀が必死で探し出した緩和ツールだということは言えるでしょう。ただし中央銀行が長期金利まで操るということには危うさが伴います。やるとしても、高度な規律が求められます。一つは介入が過ぎて、経済や財政の「体温計」であるマーケット機能を殺さないことです。もう一つは、これまで以上に、政権の圧力をはねのける覚悟です。長期金利まで操る力を手に入れた日銀が政権に都合のよい操作を始めてしまったら、国家資本主義の中国などのやり方と何ら変わらなくなってしまいます。

そもそも異次元緩和の決定的な過ちとは何だったのか。日本経済はこれからどこへ行くのか。私がこれまで取材した経済専門家の言葉から、考えてみたいと思います。

専門家の評価は?

最初は、異次元緩和に多少でも効果はあるのか、という問題について。池尾和人・慶應大教授はこう言っていました。

「効果が大きいという根拠はないですね」「(民間銀行が日銀口座にもつ)準備預金だけ増えても、民間銀行の外にお金が出ていかないと緩和の意味はありません」「金融緩和で世の中に出回るお金の量が増えるのは、金利に低下余地があるときだけ。今のようなゼロ金利のもとで、その常識は通用しません」

(「朝日新聞」2013・9・20)

この池尾教授の指摘の正しさは、最近になってようやく多くの関係者が理解するようになりました。では、なぜ日銀があれほど大規模な金融緩和をしても、銀行貸し出しが増えたり実体経済が活気づいたりしないのでしょうか。

1998〜03年に日銀副総裁を務め、長く国際舞台で日銀を代表する顔だった山口泰さんは次のように説明してくれました（「朝日新聞」2015・6・24）。

「民間企業の投資意欲が弱く、お金の需要が少ないからです。銀行は貸したくても借りてくれる先がありません。実は1990年代から、企業は内部資金で十分に設備投資をまかなえる状態にあります。それでは足りないくらい投資をするようにならないと状況は変わりませんが、日銀だけではどうすることもできません。これは政府の成長戦略に期待すべき分野です」

では、それでも日銀が大規模緩和を続けるのはなぜでしょうか。

「資産価格が上昇すれば、ある程度は景気下支えになるからです。また中央銀行がどれだけ大規模に国債を買い入れるかが、金融緩和の度合いを示すシンボルになっていることもある。それが外国為替相場などにも影響するので、配慮せざるをえないのでしょう」

さらに山口さんはいずれ訪れる異次元緩和からの出口問題について「国債価格の急落、

つまり長期金利の急騰のような混乱が心配です」と言います。
「それでも金利の上昇自体は、日本経済の回復力を示すものとして前向きに受け止めるべきです。ゼロに近い超低金利でないともたない経済のほうが、はるかに重症なのですから。とはいえ金利上昇を機に、日本の財政が今後も問題なく持続できるかが問われるのは確かです。日銀は様々なリスクシナリオを練っておかないといけない」

池尾教授は、世界中がいまのような金融緩和中毒になってしまったのは、「金融市場の参加者を徹底的に庇護する路線」のおかげ、と指摘します。つまり、中央銀行が市場参加者に対し、損を心配するな、もっと積極的にリスクを取って投資しろ、と呼びかけ、投資家のアニマルスピリット（野心的意欲）をあおる手法です。

その路線を最初に導入したのが「FRBビュー」の総帥、グリーンスパン元FRB議長でした。黒田総裁も日銀でその路線を採用しましたが、日本ではまだ「リスクをとって失敗しても日銀が尻ぬぐいしてくれるなどというのは許されない」と受け止めている人が多いようです。日銀がそれに甘んじるのか、米国のように果敢にリスクをとるよう、さらに金融政策であおり続けるかが問われています。池尾教授への質問と答えは、こう続きます。

――池尾さんは「果敢にリスク派」「甘んじる派」のどちらですか？

「甘んじる派と言われるかもしれないが、一挙に問題解決を狙って冒険しない方がいいという考えです」

――そもそも一か八かの政策に賭けなければいけないほど、日本経済は追い詰められているのですか？

「日本に限らず、先進国はおしなべて成熟化し、高齢化して成長の限界に直面している。でも現実がそうでも誰も納得しない。やはり高い成長を求めたがる。期待されている要望水準と現実とのズレが社会の不満となる。そこでは要望水準を下げろという説教より、要望に合うよう経済を引き上げる努力の方が政治的に正しいとみなされやすいのです」

（「朝日新聞」2013・9・20）

大衆の不満の背景にある、金融政策への思い

日銀出身の岩村充・早稲田大教授は、日米欧の中央銀行が採用した量的緩和などの非伝統的手段について批判的です。

「非伝統的な金融政策で得られたのは、株高など資産価格の上昇ぐらいでしょう。米国ではもともと上位0・1％の金持ちの資産は下位6割のそれに匹敵すると言われます。そうした格差の問題に目をつぶって景気に気を取られているから大衆の不満が爆発し、大統領選でトランプ現象やサンダース旋風が起こったのでしょう」と言い、大衆の不満の背景に金融政策への不満もある、という見方を示しています。

「実はその米国より、バブル崩壊後の日本の方がはるかに厳しい問題に直面しています。中産階級の所得下落です。日本では景気が悪かったらそれを『間違った金融政策』のせいにしてこられたのですが、いくら日銀総裁のクビをすげ替えても事態が良くならないということになったら、金融政策なんかいらないという声が広がってくるのは時間の問題です」

（「朝日新聞」2016・4・8）

このところの日銀への批判の声の高まりを見ると、岩村教授の予測通りに事態が進んでいる気がします。

第3章　バブル経済の正体

1　バブルという「一発屋の時代」

日本という「一発屋」が当てた最大の一発芸、それがあの1980年代後半のバブル経済だったのかもしれません。

では、日本はそれに懲りて、一発屋を卒業したのかと言えば、そうでもなさそうです。今もあの「バブルの栄光」をひきずっているようなところがあります。戦後日本は、猛スピードの復興を果たし、さらに高度成長を経て、やがてバブル経済へと突き進みました。その間、幾世代にもわたって巨大な成功体験が折り重なってきました。それらの記憶がセットで残っていることも、バブルをバブルとして客観視できない理由でしょう。一発屋が自らを一発屋と自己認識できず、己の芸を過信し続けてしまうような、そんな面が日本人にあるのかもしれません。

そういう意味でも「バブルの時代」はまだ終わっていない。私たちはバブルをまだ総決算できていないのではないでしょうか。思い起こしてみましょう。

フランスのシャンパーニュ地方でつくられる発泡ワイン、シャンパンの代名詞といえば

「ドンペリニヨン」です。略して「ドンペリ」。このドンペリがバブル経済のころ、東京・銀座や六本木の高級クラブで1本10万円以上もするのに、かなり派手に消費されていると話題になりました。不動産投資や株式投資でもうけたバブル紳士たちが一晩で何百万円も使った、という話にも事欠きませんでした。そこまでの高額でなくとも、あのころは企業接待も2次会、3次会が当たり前。だから高級クラブも、料理屋やスナックも、ずいぶんと景気が良かった時代でした。当時は週末ともなると、深夜の繁華街でタクシーをつかまえようと1万円札を振りかざすサラリーマンがあふれる姿もありました。株と土地の価格が異常に高騰したことで、突然急増した「バブル成り金」が増え、社会全体が浮かれていました。そういう時代だったのです。

欧州の3大バブル、そして……

さて、バブルとはいつに始まり、歴史上、どんな例があるのでしょうか。古今東西を通じて「世界で初めて」とよく言われるのはオランダのチューリップ・バブルでしょう。1630年代にチューリップの球根が異常な高値となったのです。オスマン帝国から輸入した球根が愛好家の間で人気となり、それが一般の人にまで広がりました。ブームとなると次第に値は上がり、転売目的で投資する人が現れます。ますます値は上がって、多くの投資家が殺到するようになりました。現在価値でいうと、球根一つで数百万円、数千万円の値がつくほどだったようです。

チューリップ・バブルと並んで「欧州3大バブル」と言われるのが、1720年代に英国で起きた南海泡沫事件、それに同じころに起きたフランスのミシシッピ計画です。

南海泡沫事件は、西インド諸島との奴隷貿易をおこなう英国の南海会社という貿易会社の株価が急騰の末、暴落した出来事です。この南海会社は実は戦争で財政が破綻寸前だった英国政府の財政難を救うためにつくられた会社でした。株を発行して得た資金で巨額の英国債を引き受けたのです。その代わりに貿易特権を得て、利益を稼ぐという仕組みでした。ところが本業の貿易事業はうまくいかず、宝くじ事業などにも手を出すのですが、結局それらも継続できずに会社は破綻してしまいます。

フランスのミシシッピ計画も似たような構図です。植民地との貿易を担うミシシッピ社の株価が急騰して、暴落する事件です。

花の球根や実体のない貿易会社の株式のようなものに、なぜ多くの国民が飛びつき、異常な高値がついたのでしょうか。あとで振り返れば、バブルがはじけるのは当然だという気もしますが、当事者たちは気がつかないものです。むしろ自分だけがそのブームに乗り遅れると、もうけられる可能性のある利益を逃してしまう、と考え、あせって投資に乗り出すのが人間の性《さが》です。それがバブルというものの本質なのでしょう。

歴史が示すのは「バブルは必ずはじける」という教訓です。にもかかわらず、なぜ人間は性懲りもなくバブル経済に飛びつき、踊り、熱狂するのでしょうか。

米国の著名な経済学者ガルブレイスは、1990年に書いた『バブルの物語』で、人々のこうした投機熱を「陶酔的熱病（ユーフォリア）」と呼んでいます。そしてガルブレイスは「いつの時代にも陶酔的熱病はあるし、私たちはその熱病から逃れられないのだ」と喝破しました。

歴史を振り返れば、欧州3大バブル以外にも、大きなバブルがたくさんありました。1929年に米国ニューヨークのウォール街で起きた、株大暴落に端を発した大恐慌が有名です。大恐慌は株価バブルが引き起こしたものでした。1987年に起きた米国のブラックマンデーも同じ構図です。日本では1970年代に田中角栄・元首相が打ち出した「日本列島改造論」で投資ブームが起きました。土地バブルの走りと言えましょうか。

まだ記憶に新しいバブルとしては、1990年代の終わりごろから2000年代の初頭にかけての米国のIT（情報技術）バブルがあります。インターネット企業をドットコムベンチャーと銘打ち、そう見なされれば、実際の事業収益力などそっちのけで高い株価がつきました。このITバブルは欧米にも波及しました。さらに2000年代に米国で起きた住宅バブルは「サブプライムローン」という低所得者向けのローンのばらまきで住宅ブームになったことで引き起こされました。これがはじけて2007年のサブプライム・ショックとなり、さらにその影響が広がり、翌年のリーマン・ショックから世界経済危機にまで発展してしまったわけです。

ゴールド、ジャパン、ハイテク、新興国

米国の金融専門家がこの半世紀の投資ブーム、つまりはバブル経済をざっと振り返って、次のように整理しています。

1970年代はゴールド、1980年代はジャパン、1990年代はハイテク、そして2000年代は新興国——。

1970年代はインフレが進み、通貨の変動相場制が導入され、投資のリスクが大きな時期でした。だから安全資産と見なされた金への投資に人気が集まったのです。

1980年代は日本企業の輸出競争力が高まり、貿易黒字が拡大した時代です。「ジャパン・アズ・ナンバーワン」と言われ、世界から日本に投資資金が集まりました。それが80年代後半の不動産バブルや株バブルにつながっていくことになります。

1990年代は、米国発でパソコンやインターネットの普及が始まった時期です。パソコン市場、インターネット市場は世界で瞬く間に急成長を遂げ、ITバブルへとつながります。

さらに2000年代には、中国やインドのような新興大国への投資が盛り上がりました。その一つのきっかけとなったのが、米投資銀行ゴールドマン・サックスのチーフエコノミストだったジム・オニール氏が名づけた「BRICs」ブームでした。「BRICs」とは、ブラジル、ロシア、インド、中国の英語の頭文字を集めて作った造語です。もともとこうした新興国経済は少しずつ成長への「離陸」の段階にさしかかっていました。そこに金融市場に強い影響力のあったゴールドマン・サックスがキーワードを示し、高成長に太鼓判を押したことで、一気に投資に火が付きました。その後の中国やブラジルの成長はめざましいものがありました。

ただし、最近の中国経済の陰り、財政破綻寸前のブラジル経済の混乱などからわかるように、投資ブームの行き着く先は、ほぼ間違いなく「バブル崩壊」です。もちろん崩壊ショックの衝撃度は大きかったり小さかったりいろいろですが、投資ブームの先にある「終わり」は常に意識しなければいけないというのがバブルの教訓です。

さて、金、日本、ハイテク、BRICsに続く、2010年代のキーワードは何だったでしょうか。これまでの経済の動きをみるかぎり、「中央銀行の時代」と言えるのではないでしょうか。日本、米国、欧州の中央銀行が空前の規模の金融緩和策を進め、世界中でカネ余り現象が起きました。それによって生みだされた巨額マネーが国債市場や株式市場、原油先物市場などに大量に流れ込み、相場を大きく上昇させました。

しかし、最近は何かショックが起きると、その相場はすぐに急落したり、乱高下したり不安定さが目立ちます。バブルは必ず崩壊する。その教訓は中央銀行バブルにもおそらく当てはまるのだろうと思わせる動きです。

2　江戸時代にもあった？　アベノミクス

江戸のさまざまな文献には意外と数値データがたくさん盛り込まれていたようです。それを丹念に調べて、表やグラフにして分析する。あるいは最新のゲーム理論も駆使して原因や動機を探ってみる。するとまったく新しい歴史解釈が生まれてくることがあります。歴史学者の山室恭子・東京工業大教授の調査の手法は、私のような経済記者にはとても興味深いものです。なにしろ現代の経済学者やエコノミストたちが政府の政策を評価するのとまったく同じように、幕府の政策を評価するのですから。

その山室教授が江戸の官僚たちもデフレ対策で四苦八苦していたと教えてくれました。モノが売れない。給料が上がらない。物価が下がる――。いまの日本のように消費が成熟した社会はデフレに陥りやすくなります。それと似たような現象が江戸後期にもあったというのです。そして幕府がデフレ対策として取り組んだのが、小判の改鋳だったのではないかと山室教授は見ているそうです。

通説では、幕府の貨幣改鋳は財政難から「差益」欲しさに手を染めたとされています。つまり新小判の金の含有率を旧小判より落とせば、差益が生まれ、その分だけ幕府の懐が潤うからという理由です。

ただ、その通説には説得力を欠く点があるようです。幕府の貨幣改鋳はいつも含有率を落としていたわけではないからです。それに、そんな回りくどいやり方をしなくとも、手っ取り早く紙幣を発行してしまう手もありました。このころ諸藩が藩札を発行するのは珍しいことではありませんでした。同じように幕府もじゃんじゃん紙幣を刷れば、貨幣の改鋳以上に楽に幕府が貨幣発行益を手にできたわけです。それは、いわば幕府版の「アベノミクス」であり、お江戸の「ヘリコプターマネー政策」とでも言えましょうか。

評価すべき江戸幕府のデフレ対策

しかし、幕府は安易にそんな危ない政策には飛びつきませんでした。その理由ははっきりしないところもありますが、幕府の経済官僚たちにもヘリマネ政策の副作用や弊害が理解されていたのかもしれません。ではなぜ改鋳をしたのでしょうか。「おそらく旧小判の回収が狙いだったのでしょう」と山室教授は考えています。

山室説の根拠はこうです。当時、商人たちは貯蓄のために大量の小判を蔵に眠らせていました。当時はお金を預ける銀行のようなところはなかったからです。しかし、小判の発行量は決まっていて一定なので、蔵に眠る小判量が多くなればなるほど、世の中に流通する小判が減るということになります。そんな状態を放っておいたらデフレがひどくなるばかりです。そこで一計を案じた幕府は、小判の改鋳を通じて旧小判を蔵から引っ張り出そうとしたのではないかというのです。幕府はその際、新しく発行する小判の量は旧小判より減らして、二朱金や一分銀などの小額貨幣を増やしました。そのほうがお金の回転量が上がりデフレに陥りにくくなるという判断だったのだろうというのです。

つまり、幕府のデフレ対策は、お金の量をじゃぶじゃぶにして物価を上げようとする「アベノミクス」的な政策ではなかった、というのが山室説です。

こうした通貨政策を決めるにも、江戸の経済官僚たちは商人たちと熱心に話し合っていました。政策をより良いものにするために、意外にも商人たちに対しても低姿勢で、交渉内容によってやり方を改めることも珍しくなかったようです。山室教授によると、経済官僚たちが残した多くの文献、いわば「政策メモ」には、たくさんの付箋がついていました。付箋の上にまた付箋が幾重にも重なっていて、官僚たちが制度の利点や欠点を熱心に検討し直した跡がうかがえるそうです。町の評判もけっこう気にしていて、「隠密廻り」という調査員が町に出て、現代の世論調査のようなものもやっていたといいます。

さて現代に目を転じると、平成デフレに対峙する政府・日本銀行は、江戸幕府と比べてどうでしょうか。政府は慢性的にふくらみ続ける財政赤字の穴埋めを、日銀の国債買い支えに頼りきっています。これは事実上、ヘリマネ化が進んでいると見てもいいような事態です。金融取引を大きくゆがめているマイナス金利政策に対し、銀行界は反発しましたが、それに対して日銀はなかなか耳を傾けませんでした。

もちろん鎖国した閉鎖経済のもとで民主主義も資本主義もなかった江戸時代の経済政策と、現代の経済政策をまともに比べることはできないでしょう。ただ、江戸幕府の経済政策の謙虚さ、誠実さは歴史的に再評価してもいいかもしれません。そして、それと考え合わせたときに、現代の経済政策がそこから学ぶべきものはたくさんあるのではないか、反省すべき点がいくつもあるのではないかと思うのです。

3　大蔵省と日銀の大罪

ここで1980年代後半の日本の「不動産・株バブル」の責任論にも少しふれておきましょう。財政と金融行政の責任者だった大蔵省（現財務省）と、金融政策を担う日銀に対しては、「あれほどのバブルになってしまう前に過熱を制御し、避けることはできなかったのか」といった批判や、「せめてあんなひどいバブル崩壊にすることは止められなかったのか」という疑問がいまも残るからです。

当時、バブル経済がとんでもない速度で膨らみ、一気に破裂した経緯をざっと振り返ってみましょう。1985年、先進5ヵ国、つまり米国、西ドイツ、英国、フランス、そして日本の5ヵ国は、国際収支の不均衡を是正するため、円高ドル安を進める「プラザ合意」をまとめました。経常黒字が大きかったのは日本と西ドイツで、円安だけでなくマルク安も問題となりましたが、とにかく、一躍、世界第2位の経済大国にのぼりつめていた日本に対する警戒が米国で強かったのです。このため、まずは円高ドル安を進めることが優先課題とされ、合意の結果、急速な円高が進みました。1ドル＝240円ほどだったレートは、1年足らずで1ドル＝160円を突破しました。この急激な円高は日本の輸出産業に大打撃となりました。輸出採算が急速に悪化し、「円高不況」と叫ばれました。

その円高不況対策がバブル形成の大きなエンジンとなったのです。大蔵省は財政出動を始めました。日銀も相次いで利下げに踏み切ります。公定歩合は当時としては史上最低の2・5％まで引き下げられました。この空前の金融緩和によって、投資ブームとなり、株や土地の価格が急騰したのです。とりわけ東京の公示地価の上昇は年率50％超というすさまじさでした。

株価や地価がそれほど過熱した状況になっても、政策は軌道修正されませんでした。政府は米国から内需拡大を強く求められていた事情があり、むしろこうした投資ブームは望ましいと当初は受け止められていたのでしょう。だから日銀が金融引き締めに転じることは歓迎されませんでした。当時は現在の日銀法に改正される前だったので、いまよりずっと日銀の独立性が弱かった時代です。当然、日銀は引き締めに反対する大蔵省の意向にさからえませんでした。こうして株や土地のバブルの膨張は野放しになっていきました。

そのころ、日銀内部には早期利上げを唱える声もわずかに出ていました。1988年秋には、金融政策を担う企画課の中堅職員が都心のホテルに集まって、上層部に利上げを迫る意見書をまとめたこともありました。このメンバーには後に日銀総裁となる白川方明氏、日銀理事となる平野英治氏や稲葉延雄氏がいました。意見書は「資産価格が上がれば、いずれ一般物価もインフレになる」と警告する内容でした。ただ、一般物価のインフレを警戒していた日銀も、このときはまだ資産インフレそのものがどこまで経済に悪影響を与えるのか、つかみかねていたのです。

総量規制が土地バブル崩壊の引き金に

理事のなかにも引き締めが必要だという少数意見がありましたが、結局、資産バブルに対するぼんやりとした警戒感をもつだけにとどまり、日銀全体が強い危機感をもつには、もうしばらく時間がかかりました。日銀が利上げを実施するのは結局、バブルが熱しきった1989年5月まで待たなければなりませんでした。

一方、土地バブル崩壊の引き金を引いたのは、大蔵省が1990年3月に発した「不動産融資総量規制」だとされています。

その規制を発表する2週間前、朝日新聞には、この好調な内需は「実はバブル（泡）にすぎない」というエコノミスト、中前忠《なかまえただし》・中前国際経済研究所代表のインタビュー記事が載りました。中前さんは日本の景気が「午後4〜5時ごろの状態」にあり「日没は時間の問題」とも指摘していました。いま振り返ればその分析は的確です。

そのとき、政府には同じ認識が共有されていなかったのでしょうか。もし共有されていれば、大蔵省があのタイミングで総量規制という〝劇薬〟を使ったでしょうか。

「それでも歴史は変わらなかった」というのは、ある大蔵省OBです。「バブルというものは必ずどこかで破裂するものです。もし、あそこでつぶさずにもっと大きくしてしまったら、将来もっとひどい破裂が待っていたにちがいありません」。その大蔵省OBはそう言いました。その分析を単に組織防衛的な説明だと斬り捨てることは私にはできません。

たしかに、あのバブルをどう着地させるのかということを考えると、妙案が思いつくわけではないからです。何を、どこでつぶせば良かったのか。正答を一つだけ探すのは確かに難しいと思います。

軽部謙介・前時事通信解説委員長の『検証 バブル失政 エリートたちはなぜ誤ったのか』（2015年）は1980年代後半から90年代にかけてのマクロ経済政策の舞台裏を詳細に描いた作品です。すでに四半世紀が過ぎたいま、改めてバブル経済当時の経済政策を書く理由について軽部さんにたずねたところ、こんな答えが返ってきました。

「バブルが膨らみ、崩壊していく過程で記者としてずっと現場を取材していながら、一度も警鐘を鳴らすことができませんでした。その罪を償う敗者復活戦のようなものです」

軽部さんの思いは記者として共感できます。私たち新聞記者は政策当局の責任を常に厳しく追及しなければなりません。それが記者の仕事です。ただし、その責任を当局に問うからには、私たちメディアもまた責任を自覚しなければなりません。バブルのさなかに、それがバブルと見抜けなかった罪。それを自覚しなければならないのは政策当局者だけでなく、新聞記者も同じです。

そのことを考えるとき、ふと頭をよぎるのは「いまも同じ過ちを繰り返しているのでははないか」ということです。アベノミクスや異次元緩和という異形の経済政策が四半世紀の後、歴史的にどう評価されるのか。そう考えると、いまを報道する記者の責任を強く自覚しなければならないと思うのです。

4　バブル世代とデフレ世代

バブルとデフレ。どちらを体験したことがあるかで人生観はかなり変わってくる。そう言ったら言い過ぎでしょうか。少なくとも、バブル崩壊や経済危機のようなショック体験の有無が「世代」というものを分かつ、一つの区切りになっているのではないかと思います。そう考えるに至った出来事があります。

バブル経済が絶頂を迎えていた1989年の春のことでした。まだ駆け出し記者だった私は、当時、名古屋で金融業界の取材を担当していました。取材対象のなかには、当時、上場企業トップとして全国最高齢の84歳だった愛知銀行の渡辺脩頭取がいました。その渡辺頭取がいよいよトップを交代するのではないかと取り沙汰されていたのです。後継が渡辺頭取の女婿の副頭取になる、というのは衆目の一致するところでした。他に対抗馬はいません。問題は渡辺頭取が辞めるか、辞めないかです。

ぴんとこなかった昭和恐慌の体験談

私は毎日、朝、夜と渡辺頭取の自宅に取材に通いました。頭取はなかなか答えてはくれません。1週間近くたったある朝、ようやく私の取材に応じてくれた渡辺さんはストレートには答えず、自分が若いころに1930年前後に起きた昭和恐慌や大恐慌を目の当たりにしたこと、銀行の後継者にはそういう金融危機の体験者がいないことを語り始めました。そして、こう言ったのです。「恐慌を経験するとね、経験していない若い者にあとを託すのが怖くなるのですよ」

当時の私には、その話を何のためにしてくれたのか、まったく理解できませんでした。なにしろ当時はバブル真っ盛りです。銀行が競って融資拡大を進めていたころで、規模拡大に乗り遅れる心配はあっても、銀行破綻の恐れなどみじんもなかったのです。それなのに恐慌を恐れて頭取を代わることをためらっている？　私は渡辺さんの真意を測りかね、結局、頭取交代の特ダネ記事を書けませんでした。そのニュースは他紙に先に書かれてしまい、悔しい追いかけ原稿を書く羽目になりました。

ずっと忘れていたその話を思い出したのは、2008年のリーマン・ショックのころ、金融危機の取材経験がない若い後輩記者たちと、米金融大手リーマン・ブラザーズの破綻の余波について話をしていたときです。私は、リーマン破綻の衝撃度について後輩たちが過小評価しているように感じました。

それもやむをえないと思いました。かつては私もそうだったからです。当時、山一證券や北海道拓殖銀行、日本長期信用銀行、日本債券信用銀行などの破綻が相次ぎました。不眠不休で取材をしていると、疲れがたまってきて、つい先行きを楽観したくなるのです。できれば破綻の連鎖が広がらないでほしい、できるだけ早く収束してほしい、そして早く休みたい……。ところが現実は、そういうときほど、事態は悪い方向に向かうことが多かった記憶があります。

なるほど、危機経験のない後輩は頼りなく見える、か。金融恐慌の体験者だった渡辺頭取の言葉がそのとき、ふと、よみがえってきたのです。

景気循環の波

景気循環の周期には諸説あります。経済学の教科書に載っているのは主に四つ。大きなイノベーション（技術革新）が一巡する循環をとらえた「コンドラチェフの波」の周期は約50年です。建築物の建て替え周期をとらえた「クズネッツの波」の周期は約20年。もう少し短い循環ですと、設備投資を原因とする好不況の循環をみた「ジュグラーの波」が10年周期です。経済学の教科書でもっとも短いのが、企業の在庫の変動を要因とする「キチンの波」の40カ月周期です。

これらとまったく別の周期を唱える経済学者もいます。大阪大・社会経済研究所の小野善康教授は独自に先進国の株価上昇率の歴史を調べて周期を探りました。それによると、米国や英国では顕著に「30〜35年周期」が見いだせたそうです。ブームの盛り上がりとブームの収束がちょうど30年くらいで一巡するという説です。なるほど、と思わせる周期ではないでしょうか。ちょうど一世代ほどに当たる時間の長さだからです。親から子へ、子から孫へ、と世代が入れ替わっていく周期と符合する頃合いです。世代交代が景気循環を決める、というのは当たり前のようで、あまり言われてこなかった説です。

それならこんなことが考えられます。たとえば、ある投資家が株式市場でバブル的な株価上昇でもうけたけれど、その後の暴落で痛手を負ったとします。その投資家は、次に株式ブームが来たときに、おそらく以前より慎重になっているでしょう。投資の損に懲りて、

「もう二度とそんな大きな投資はしない」という考えに変わっているかもしれません。

ところが、その投資家の子はどうでしょうか。若い投資家は「父は投資に失敗したが、自分ならもっとうまくやれる」と、より野心的に投資してもおかしくありません。大相場を体験したことのない若い投資家は、極度に臆病になることなく投資に乗り出すことでしょう。いずれまた暴落の憂き目にあう可能性はありますが……。

そう考えると、バブルやデフレを経験した世代は、みずからの体験にもとづいて無意識に経済行動をとっているのでしょうか。子の世代、孫の世代へと中心世代が入れ替われば、世の中全体の投資行動、消費行動が変わってきてもおかしくないということでしょうか。

人々の「記憶」が経済の周期をつくっている可能性は十分あります。

相場のいいときも悪いときも十分経験した世代の記憶が途絶えたとき、おそらく人間はまた同じように成功を夢見て行動し、再び成功も失敗も繰り返すことになるのでしょう。

5　消えたはずの不動産神話

1990年代の不動産バブルの崩壊は「第2の敗戦」と言えるほど衝撃が大きいもので

した。なにしろ日本の土地の時価総額はほぼ20年で半減し、1千兆円以上が消えたことになります。これは日本の国内総生産（GDP）の2年分が失われた計算になります。まさに「敗戦」並みです。

当然、日本の「土地神話」もそれとともに消えたはずでした。ところが最近、再び都心部で高額マンションがよく売れています。典型例としては、マンション大手の東京建物が2015年に東京・目黒で分譲したタワーマンションがあります。平均販売価格1億1千万円超の約660戸が数カ月で完売しました。このブームを後押ししたのは相続税対策です。

政策のゆがみがもたらした面があるとはいえ、これも一種のバブル復活と言えないでしょうか。業界最大手の三井不動産の広報担当者にその点をたずねると、即座にこう否定されました。「バブルとは言えません。広い意味での実需です」

バブルのころは人々に「地価は必ず上がる」という根拠のない見通しが浸透していたけれど、今はそれがまったくないと言います。

以前と違って、不動産会社がデータと理論にもとづく経営を徹底しているという自負もあるようです。地価上昇が前提だった1980年代は、「どうせ地価そのものが上昇するのだから」とコスト管理も、価格設定も甘くなりがちでした。しかし今は、不動産会社が投資や金利のコストをデータ化し、見込まれる賃貸収入と常に比較しているとか。投資に見合うかどうかのチェックは怠っていない、と自信を見せます。

ただ、バブルというのは、常に当事者はその渦中にいても気づかないものです。

気になる数字も耳にしました。マンション購入者が借りる住宅ローンの額の年収に対する倍率です。かつては「５倍」が平均的な相場とされていました。最近では「８倍も珍しくなくなった」と大手銀行の関係者が明かしてくれました。ということは、たとえば年収が８００万円であれば、６０００万～７０００万円を借りられることになります。そんなに重い借金を背負ったら、返済で首が回らなくなるのではないかと心配になります。

なぜそれが成り立つのかというと、歴史的な超低金利が続いているからです。日本銀行のマイナス金利政策のもとで長期金利はマイナスに転じています。これにともなって住宅ローン金利も歴史的な低水準となり、負担が著しく軽くなっているのです。

建設ブームはマンションばかりではありません。オフィスビル投資も盛んです。この10年ほどの間に、東京では大手町や日本橋などのビジネス街で大がかりな再開発が相次ぎました。２０２０年に東京オリンピックの開催を控え、投資を増やすに値する需要は十分見込める、というのが不動産業界の認識のようです。

都市未来総合研究所の平山重雄常務は「このムードを支えているのは、日銀の大規模な金融緩和です」と解説してくれました。「これが業界を強気にさせ、市場を盛り上げるのにかなり効果を発揮しています」

不動産市場、もう一つの見方

一方で、少数意見ですが、警鐘を鳴らす有識者もいます。ドイツ証券シニアアナリストの大谷洋司氏はいまの不動産市場を「静かなるバブル」だと見ています。なぜか。

第1に、オフィス需要は増えていないからです。法人企業統計によると、日本の雇用者数は7年間で500万人減りました。にもかかわらずオフィスは今後ますます増える見込みです。東京都心部のビル建設はオリンピック需要を見込んで2018〜2019年にピークを迎えます。ただ、生産年齢人口が減少を続ける日本に、それだけの需要が生まれるかどうかわかりません。オリンピックは一時的な需要です。その後も住まいや職場を使い続ける日本人の人口が減れば、大量の空き家が生まれてもおかしくありません。

第2に、相続税対策バブルは長く続かないということです。2015年から始まった相続税の増税への対策として、節税のために高額のタワーマンションを買う高齢者が増えました。同じように相続税対策でアパート建設も増えています。とはいえ、なにぶんにも人口減少社会の日本です。住宅がたくさん出来ても、住む人がいなければ不良在庫になるばかりです。それにタワーマンションを使った相続税の節税に歯止めをかけるため、高層階の課税評価額を引き上げ、固定資産税や相続税を引き上げようという動きも出ています。

第3に、金融緩和の影響です。日銀によるマイナス金利政策は、借り手である不動産業界にとっては金利が下がるので歓迎されています。住宅ローン金利が低下すれば、住宅需要もさらに促されるでしょう。ただし、もともとすごく低金利なので、さらに金利が下がっても効果は限られます。むしろ低成長や低インフレが長く続くとみんなが考えるようになると、不動産投資も盛り上がらなくなってくる可能性があります。

大谷さんによると、「日本は欧米に比べ、新築ビルの寿命が異常に短い国」だそうです。地震国ゆえに耐震強度をたびたび増していく必要があるのか、それとも不動産を「消費」し続けないと回らない経済だからなのか。ひょっとすると、不動産バブルは以前と装いを変えて、いまも忍び寄っているかもしれません。

6 「日本化」する中国

数年前、歴史学者の與那覇潤《よなはじゅん》氏の『中国化する日本 日中「文明の衝突」一千年史』（2011年）というタイトルの本がベストセラーになりました。それは日本という国を新しい史観で読み解く著書だったのですが、もし、いまの中国経済をそのタイトルになぞらえて表現するなら「〝日本化〟する中国」ではないかと思います。民主主義で資本主義の日本。民主化されていない社会主義（最近は国家資本主義と言ったほうがいいかもしれません）の中国。異なる経済体制であるにもかかわらず、これまでにたどってきた経済発展の軌跡が驚くほどよく似ているのです。

まず、経済成長のパターンがよく似ています。戦後の日本はざっくり言えば、途上国型の発展→高度成長→バブル経済→バブル崩壊→金融危機→「失われた20年」の停滞期——という経路をたどりました。では中国はどうかといえば、「バブル経済」まではいっしょで、いまは「バブル崩壊」の直前まで来ているといったところでしょうか。

中国経済のバブルは、2008年秋にリーマン・ショックへの対策のために4兆元（日本円にしてざっと60兆円）の経済対策をやったあたりから始まりました。高速鉄道網や高速道路網を広い国土全体に張り巡らすため、すさまじい建設ラッシュが始まりました。高速鉄道の敷設スピードは、毎年、東海道新幹線が一つずつ出来上がるようなスピードでした。中国がこの間に消費したセメント量は、米国がこの100年間に使ったセメント量をしのぐと言われます。

中国は2010年、国内総生産（GDP）で日本を抜き去り、世界第2位に躍り出ました。米国を抜いてトップになるのも時間の問題とも言われるようになりました。当時、中国の当局者も経済専門家たちも自信満々でした。

中国バブルの崩壊リスク

しかし、2015年夏、チャイナ・ショックが起きました。このころになると、中国経済の減速がはっきりして、中国の旺盛な需要に支えられてきた原油価格などが下落します。8月下旬には米ニューヨーク株式市場で一時、平均株価がリーマン・ショック時を超える1000ドル超の下落幅を記録しました。きっかけは上海株式市場の暴落と中国の人民元切り下げでした。このときの株安連鎖は地球を何周もするほど続き、中国経済を見る世界の視線はかなり冷めたものになりました。

中国はその後、規制や介入などあらゆる手を使って外国為替市場や株式市場を落ち着かせることに成功しましたが、中国経済そのものがバブル崩壊のリスクを抱えている事情はいまも変わっていません。中国当局も、世界の市場関係者たちも、中国バブル崩壊のリスクに怯えながら走っているというのが実情です。

実は、こういう事態に追い込まれないように、中国政府は経済運営について研究に研究を重ねてきました。ある国際機関の幹部は「中国政府の幹部たちは日本経済の歴史も制度も本当によく学んでいる」と言います。中国は「日本の奇跡」と言われた戦後日本の急成長をよく学び、成功例を吸収し、制度や政策に生かすことで急成長を実現してきました。

朝日新聞の同僚である吉岡桂子編集委員のリポートによると、北京や上海の書店で最近、『日本第一』というタイトルの本が平積みになって売られているそうです。1979年にエズラ・ヴォーゲル米ハーバード大名誉教授が著した『ジャパン・アズ・ナンバーワン』の中国語訳の新版です。なんと4カ月で4万冊近くが売れたとか。

ただ、中国政府が日本から学ぼうとしたのは日本経済が強かった「バブル以前」でした。さまざまな問題と失速リスクを抱えた「バブル以降」については、むしろ日本を他山の石とし、〝日本化〟しないような軌道修正を考えていたはずです。

中国政府の事情に詳しいある専門家はこう解説してくれました。「中国も日本と同じ問題を抱えてしまったのです。軌道修正には、国民に苦い薬も飲ませないといけない。それができないのです。結局、中国も日本とまったく同じ失敗を繰り返そうとしています」

ここ数年、中国は生産も消費も急膨張し、不動産価格や株価が急上昇しました。「バブル」だという指摘が出ていましたが、中国国内でこれを警戒し、制御しようという声はありませんでした。バブルの渦中ではバブルとは気づかないという教訓は、中国でも生かされなかったようです。

いまのところ中国経済は小康状態を保っていますが、日本がたどったバブル崩壊や長期停滞という問題が今後出てくるリスクはかなりあります。最近、中国で、かつて日本政府がバブル崩壊後に取り組んだ政策を彷彿《ほうふつ》とさせるようなキーワードが登場しています。たとえば「ゾンビ企業」です。

ゾンビ企業の延命は中国経済全体にとって重荷になります。日本が不良債権問題に苦しんだときにも同じ問題が発生しました。中国政府は日本の不良債権処理の経験を一つのモデルにしていることがうかがえます。

日本経済の成功も失敗も学び、日本の轍を踏むまいと研究を重ねた中国が、それでも踏み込んでしまったバブル。中国経済の〝日本化〟はいまも進行していると見ています。

7 バブルの前には〝危機〟がある

映画『バブルへGO‼ タイムマシンはドラム式』が公開されたのは2007年。日本経済の「失われた10年」と言われる低成長時代がさらに続くことが懸念され、「失われた20年」とささやかれ始めたころでした。バブル時代に映画『私をスキーに連れてって』(1987年)で一世を風靡《ふうび》したホイチョイ・プロダクションズの馬場康夫さんが監督を務めただけに、バブル経済を単純に批判するのでなく、バブルへの郷愁や哀愁、皮肉もこもった映画でした。

広末涼子さん演じる主人公は、バブル崩壊の歴史を変えようと1990年の不動産融資総量規制を止めるため、タイムマシンで過去に向かいます。てんやわんやの末、ミッションは見事に成功します。しかし主人公がタイムマシンで戻った現代は、なんとバブル度がさらに増幅していたのでした。そこには、公共事業の大盤振る舞いで東京・台場にはレインボーブリッジが3本かかっています。現実にはもちろん1本しかありません。この映画、ハッピーエンドのように見えて、実はその先の、もっとひどいバブル崩壊の暗雲が漂うような、示唆的なオチでした。

経済政策を総動員してバブルをなんとか持ちこたえさせても、それを永久に膨らまし続けることはできません。バブル玉が破裂しそうになったら、対策を打ち、だましだまし長持ちさせたとしても、結局は破裂してしまうでしょう。それを先延ばしする対策は、むしろ破裂のショックをより大きくしているだけかもしれません。

「今の日本はデフレなのだから、そんな心配は無用」と思う方がいるかもしれません。インフレ率がゼロ近辺の状態を「デフレ」と呼ぶべきかどうかという議論はさておき、「デフレよりバブルのほうがマシではないか」と考えている方に申し上げたいと思います。実はデフレもバブルと大いに関係があるのです。

デフレとは、みんながモノを買うより、お金のままで持っていたいという現象のことです。いま日本銀行は、あえてお金の価値を下げようと金融市場にお金をジャブジャブにつぎ込んでいますが、人々のお金への執着心はあい変わらず強く、お金の価値はなかなか下がりません。それは一種の「お金のバブル」と言えます。まだ多くの人が「お金の価値はもっと上がるだろう」と考え、お金をお金のまま持ち続けたほうが得だと判断しているのです。これでは日銀がいくらお金の量を増やそうと、人々が懐に抱えてしまうだけです。

ただ、このお金のバブルが崩壊すれば、こんどはお金の価値が暴落します。それがハイパーインフレです。

バブルがはらむ危険な魅力

日銀出身の安斎隆セブン銀行会長から、こんなエピソードをうかがったことがあります。安斎さんが数年前、好況に沸くアジアの国々を訪ねたとき、ある国の当局者が「わが国経済はきわめて良好です。だから不良資産などはありません」と誇らしげに説明してくれたそうです。そのとき、安斎さんはすかさずこう返したそうです。

「それが、まさにバブルです」

安斎さんはかつて日銀で金融危機の処理を担当する責任者を務め、経営破綻したあとに公的管理下に置かれていた旧・日本長期信用銀行の頭取も務めました。バブル崩壊後の処理、銀行の破綻処理を通じて、その怖さを身にしみて知っています。そうした経験から学んだ教訓が、「みんなが好調という時がいちばん危ない」「山高ければ谷深し」です。

アジアの国の当局者への言葉は、「今は気づいていないでしょうが、あなたの国はバブル状態で危ないのですよ」という忠告でした。

「歴史を振り返れば、バブルの前には必ず〝危機〟があった」と言うのは前シティグループ証券副会長の藤田勉さんです。たしかに、そういう例は少なくありません。1980年代の日本のバブルのときには、円高不況がありました。2000年前後の米国のITバブルの前に、アジア通貨危機、ロシア危機が起きました。近年の中国経済のバブルの大本をたどれば、その起源は2008年のリーマン・ショックであり、その対策としての中国政府の4兆元という巨大投資です。

危機が起きると、その衝撃をやわらげようと、政府は相当な規模の財政出動に乗り出し、中央銀行は強力な金融緩和を始めます。いったん始めたらそれらは簡単に止められなくなるものです。そういう対策は長びくうちに「危機対応」ではなく「恒久政策」のようになってしまいがちです。それがカネ余り状態を生み、バブル発生の原因になりやすいのです。

バブルには危険な魅力があります。渦中にいるときは陶酔してしまいます。あとで振り返れば、「なぜおかしいと思わなかったのだろう?」と不思議なのですが、そのときには危うさになかなか気づかないものです。さらに厄介なのは、時を経ると、その教訓まで忘れてしまうことです。

巨大バブルをいちど崩壊させれば、ショックも大きく、負の遺産の処理に長い時間も要します。リーマン・ショックや東日本大震災という大型危機のあと、日本は経済再生の名のもとで、再びバブルづくりに勤《いそ》しんでいるように見えます。これは「いつか来た道」ではないのか。バブルの時代も、その後の長い試練の時代も取材してきた者の責任として、そこに警鐘を鳴らし続けねばいけないと強く思います。

第４章　一発屋からの脱出

1　「四半期決算化」するニッポン

2016年の株式市場は年初から波乱の幕開けでした。日経平均株価が大発会から6営業日連続で下げたのです。戦後初めてのことでした。下げ幅は一時、合計で2000円を超えました。中国経済の減速など海外要因が理由だったとはいえ、直前まで政権3年間で株価が2倍以上に上昇したことを「アベノミクスの成果」と誇ってきた安倍政権にとって痛手だったでしょう。

それまで続いてきた株高は、日銀の超金融緩和によってもたらされた面が強いと思います。一方、経済成長のほうはゼロに近いわずかな伸びにとどまっています。つまり実体経済とは遊離した株高だったと言えるわけです。もしそうだとしたら、経済政策が株価に振り回される理由はないということになります。株価が急に下がっても、それは実体経済が急激に悪化したことを示すものではないということです。だから政府は株価に一喜一憂せず、たとえ株安となっても、それは長期的な備えを促す警鐘だと受け止めるべきです。ところが安倍政権の政策運営はといえば、株価が下がれば、やれ経済対策を、やれ日銀の金融緩和をと、とにかく目の前の株価重視で、きわめて近視眼的です。

そこでお勧めしたいのが「四方よし」という理念です。江戸時代に栄えた近江商人の哲学は、売り手よし、買い手よし、世間よし、でした。現代の企業経営の理念としても定着したこの「三方よし」に最近、京都市役所が一つ加えて「四方よし」を掲げています。社会課題の解決に挑み、京都から日本の未来を切りひらこうと発信する企業を支援する。そんなプロジェクトを今年から本格的に始め、選定基準に「未来よし」を加えたのです。

「1200年続く都で、これから1千年の未来を紡いでいこうという願いを込めました」と、京都市役所の村上圭子産業戦略監は説明してくれました。なるほど、未来に貢献するとの理念は企業経営に大切なものに思えます。「今さえ良ければ」という発想の事業では結局は長続きしないでしょう。それでは時が経てばほころびが出てくるものです。ただ、経済のグローバル化は残念ながら「未来よし」を脇道に置いています。企業経営の時間軸はどんどん短くなっており、四半期決算のルールのもとで、上場企業は3カ月ごとに成果を示す必要に迫られているのが現状です。決算発表を終えても、すぐ次の決算準備が始まります。サイクルが短すぎて目先の成果にばかり関心が向きがちになるわけです。

ヤフーの川邊健太郎副社長からこんな話をうかがいました。ある大企業の創業者からこう言われたというのです。「最近は長期の視野を持つ経営者がいなくなって面白みがなくなった」と。「そう言われても仕方ない面がありますね。今のルールの下で経営者が考えられるのは、どんなに長くてもせいぜい3年先ですから」と川邊さんは言います。

短期思考に陥りがちなのは政治も同じです。川邊さんが「Ｙａｈｏｏ！ニュース」「みんなの政治」などのインターネット事業を手がけてきてつくづく感じるのは「日本は本当に災害と選挙が多い国」ということだそうです。「国政選挙がほぼ2年に1度。こんなに選挙が多ければ政治はどんどん近視眼的になってしまいます」

確かに次の選挙までの期間が短くなれば、政権は選挙に勝つために、すぐ評価される政策を打ち出そうと、汲々《きゅうきゅう》とするようになるでしょう。逆に、すぐ成果が出ない長期課題は後回しになりがちです。これは、いわば政治の「四半期決算化」です。

安倍政権の経済政策も、短期的な成果や評価を重視しすぎるきらいがあります。人々の目の前の期待に応えようとする一方で、将来世代への視点を著しく欠いているのです。

見えない国民負担

消費増税の延期によって、保育や介護の充実のための財源が足りなくなりました。しかし安倍首相は、税収の上ぶれなど「アベノミクスの果実」を当面の財源にあててしのぐ、という考えを示しています。

これはきわめて無責任なやり方です。

税収が増えなかったり、減ったりする可能性もありますが、そのときは政府が新たな借金でしのぐしかなくなります。つまり「アベノミクスの果実」を使うという説明は、将来世代への問題の先送りにすぎません。やはり保育や介護のような恒久的な行政サービスの財源は、増税による恒久財源で手当てするしかありません。

アベノミクスを支える日銀の異次元緩和には「見えない国民負担」が隠されています。日銀は高値で買い支えている国債を大量に抱えています。小黒一正《おぐろかずまさ》・法政大教授の試算によれば、すでに日銀は保有する長期国債に10兆円の損失を抱えています。

さらに、いずれ景気がよくなれば、あるいは何らかの理由で物価が上昇すれば、さらに国債価格は急速に下がります（国債利回りは急上昇）。そういう局面になれば、日銀は日本経済のためには金融引き締めをしなければなりません。しかし、日銀の財務にとって、それは逆ざやによる巨額損失をつくることになります。そのときには日銀が債務超過に陥る恐れも出てきます。債務超過の解消のため、穴埋めに使われるのは国民の税金です。経済成長や株高という目先の政策を優先することのツケは、実は将来にそういう形で回される危うさがあるのです。

それでも安倍政権は「アベノミクスは成功している」と言い続けています。ならば、なぜ企業は史上最高益をあげても本格的な賃上げに及び腰なのでしょうか。内部留保をため込んだまま吐き出さないのでしょうか。国民が消費に尻込みしているのはどうしてなのでしょうか。小林慶一郎・慶大教授は「短期楽観・長期悲観」というキーワードを挙げています。

「〝短期楽観〟を強調する政府の姿勢そのものが、厳しい現実を見ていないことを露呈してしまっています。それがかえって企業や消費者を〝長期悲観〟に陥らせているのではないでしょうか」

国民負担を先送りしても、その負担は消えてなくなるわけではありません。いずれ、この国の誰かがそれを支払わなければならないのです。それに先送りしている間に、負担はいっそう膨れあがり、時間の経過とともに必要な増税額や歳出削減の規模がより大きくなってしまうかもしれません。

現在・未来の連結決算で検証を

実は、国民はすでに「いつか超インフレに襲われて生活が脅かされるかもしれない」と予感し、行動しているのではないでしょうか。不測の事態に備えて、おちおちと財布のひもをゆるめることなど出来ない、と考えているのではないでしょうか。

そんな国民の不信、消費者の不安を取り除くには、リタイア世代も、現役世代も、そして将来世代もあわせた「現在と未来の連結決算」で政策効果を検証する必要があります。国民に「現在」だけでなく、「近い将来」や「かなり将来」の財政の確かな姿を示すのです。それは安倍政権が発表しているような、楽観に楽観を重ねた、実現可能性がかなり低い財政健全化プランとはちがいます。

株式市場や経済界の一部には、「一発屋」と化した安倍政権と声を合わせ、自己暗示をかけるかのごとく「日本経済はうまくいく」と唱え続けている人たちがいます。しかし、いま本当に必要なのは運を天にまかせて「一発」のブレークを期待することではなく、下積みが多少長く続いたとしても、一時の流行に終わらない本物の芸を磨くことです。つまり日本経済の真の再生こそ必要なのです。

国家運営で言えば、「百年の計」を考え、子や孫の代になっても高品質の行政サービスがきちんと続けられるように財政再建に取り組むことです。どの政党が政権についたとしても、外交や安全保障と同じように、いやそれ以上に財政の持続性を回復させることに今こそエネルギーを注ぐべきです。

2　東日本大震災の復興が、なぜバブル化したのか

2011年3月11日、1万9000人を超える死者・行方不明者を出し、一時は40万人以上が避難した東日本大震災は、いまの日本を生きる私たちにとって未曾有の規模の震災でした。心に大きく深い傷を負った衝撃で日本人の危機意識は大いに高まりました。

ただ同時に、それだけの大きなショックによって、私たちが政治決定や財政運営をするうえでの相場観のようなものが、かなりずれたり鈍ってしまったりした感があります。東日本大震災の復興という「錦の御旗」があれば、どんな予算案や支援策でも、たいして検討もされずに採用されるようなことが起きました。

代表例としては仮設住宅があります。家を失った多くの被災者に住居を提供するのは必

要なことですが、その提供のあり方があまりにどんぶり勘定でした。大震災から半年後、岩手、宮城、福島の被災3県が造った仮設住宅は4万6000戸にのぼりました。その時点で、すでに1万戸もの空き室がありました。明らかに過剰な建設計画でした。

被災3県は避難住民のために予算制約を度外視して仮設住宅の建設に乗り出したのですが、多額の費用や手間も時間もかかる仮設住宅だけに頼るのではなく、自治体が民間賃貸住宅を借り上げれば、財政負担もはるかに少なくすんだはずです。しかしそういう手法は一部の自治体で採用されたものの、全体の投資額を抑制するほどには活用されませんでした。

過剰な投資の積み重ねで、復興費用はどんどん膨れあがっていきました。政府は当初、復興予算の総額を「5年間で少なくとも19兆円」と試算しました。それだけでも年間平均の投資額としては政府の公共事業予算の3分の2にものぼる高水準です。ところが、さらに復興予算は膨れあがり、結局5年間の復興予算総額は26兆円まで膨張しました。

もちろん災害復旧のために巨額予算が必要だったのは確かですが、公共事業を中心に水ぶくれしすぎました。NHKが独自に政府や地方自治体の予算資料から復興予算の費目を分析した試算によると、5年間で26兆円予算のうち、インフラ整備やまちづくりのために14兆円がつぎこまれたそうです。防潮堤や高台移転、公営住宅の整備などです。

予算の過剰投入に走った

三陸海岸沿いに高さ十数メートルの巨大な防潮堤を、まるで万里の長城のように総延長300キロメートルにわたって張りめぐらす必要が本当にあるのでしょうか。私も岩手県大槌町で14メートル超の防潮堤を間近に見ました。目の前に立つと、まるで巨大な壁です。住民の視界からは海を完全に遮ってしまうので、海沿いというせっかくの土地柄を消してしまいます。巨大防潮堤があっても、完全に津波から町を守ることは難しいのだとすれば、この防潮堤で守るものとは何なのだろうと思いました。

2007年にカナダのジャーナリスト、ナオミ・クライン氏が『ショック・ドクトリン』という本で指摘したのは、政変や災害、戦争などの危機が起きると、それにつけこんで市場原理主義が導入されやすいという問題でした。そういうときになると、貧しい者、弱い者が切り捨てられ、格差が拡大しやすいというのです。

東日本大震災後の日本で起きたことは、それとまったく反対に、危機に際して政府が財政の膨張、バラマキ、予算の過剰投入に走るという光景でした。弱者の切り捨てはしないけれど、その弱者救済のためのやり方がポピュリズム的なものとなり、持続性がないがしろになる、という問題です。

復興予算26兆円の財源として、所得税や法人税に上乗せするかたちで10兆5000億円の復興増税が実施されました。未来の国民につけ回しすることなく、いまに生きる国民で復興財源を生みだそうという発想は正しかったと思います。消費増税にあれほどアレルギーが強い国民性の日本で、瞬く間に大きな反対もなく増税ができたのは、予算のバラマキと同じく「逆ショック・ドクトリン」のような現象と言えるでしょうか。

このことの問題点は、財源の裏付けができたことで、復興予算の歳出枠が既得権益のようになり、被災地への過剰投資を生んでしまったことです。「歳出の数値目標ありき」の手法がどれだけ危なっかしいかは、過去の歴史が教えてくれます。

大義名分の危うさ

1990年代の財政悪化の一大要因となったのは、日米構造協議の「10年間で公共投資430兆円」という目標でした。当時は日米貿易摩擦の解消のために、日本は米国から内需拡大を強く求められていました。そこで公共投資額の数値目標を約束させられたのです。しかし、それが大義名分となり、90年代に公共事業費の膨張が止まらなくなります。バブル崩壊後の低迷期だったこともあり、経済対策が頻発され、不要不急の道路や橋がたくさん造られたのもこのころです。このバラマキ予算が歳出の構造的な膨張を招き、日本が先進国最悪の財政に転落するきっかけとなりました。そのときの教訓は、大震災ショックのもとで、すっかり忘れ去られてしまったようです。再び公共事業の予算枠ありきの行政に立ち戻ってしまうのでは、公共事業をめぐる歳出改革は元の木阿弥です。

そもそも〝復興〟とは長い時間軸のなかで考えなければいけないテーマです。それが東日本大震災のあとの日本では、「被災者のため」という錦の御旗によって、短期間で、ケチらず思い切って予算を投入しようということになりました。多くの被災地で理想的な復興都市を築こうという掛け声ばかりが大きくなり、もともと過疎地だった町の現実とかけ離れた計画が走り出しました。勢いに乗ってやれば何とかなるさ、という「一発屋」の発想では、それぞれの町の将来が心配になります。

3　難題をたな上げする「空気」

40年ほど前、日本社会を動かしているのが〝空気〟だと看破したのは、評論家の山本七平でした（『「空気」の研究』1977年）。その言はおそらく今も通用するのではないかと思います。2016年9月に国会がはじまっても、最も大事な課題が論戦のテーマから抜け落ちています。それは世界最速の超高齢化であり、先進国で最悪の財政の現実であり、そして社会保障の悲観的な未来です。まるでこうした重要テーマそのものが忘れ去られたかのようです。このような問題について与野党にどれだけ切迫した危機感があるのかと心配になります。安全保障問題にも匹敵する国家存亡がかかる財政の未来について、なぜ関心が盛り上がらないのか。そこを素通りさせる空気をつくっているのは、おそらくアベノミクスではないかと思います。

参院選の論戦を通じて、野党は「アベノミクスの失敗」と政権を攻撃しました。しかし、アベノミクスの本質に迫った批判をする政党は見当たりません。アベノミクスを批判するなら、その財政出動路線にも、異次元緩和にも物申し、手じまいを求めるべきです。消費増税の先送りを批判し、財政再建を急ぐように求めるべきです。残念ながらそういう主張の野党はありませんでした。そうなると本質的なところで野党もアベノミクスを否定しきれていないのではないかと思うのです。

それは多くの国民の気分にも似ています。超金融緩和と国土強靱化の財政出動で世のインフレ期待を高めようという安倍政権の試みは、副作用は心配ではある。それでも長引く経済の停滞から抜け出すために賭けてみようか――。それが少なからぬ国民の気分だったのかもしれません。

しかし、その気分が、重要課題をたな上げしておこうという空気もつくっていないか心配です。日本の社会保障はいくらかの改革も重ねてきましたが、この超高齢化社会を乗り越えていけるだけの体制は整えられていません。医療も、介護も、年金も、それぞれこの先の財源は足りず、必要な行政サービスを提供し続けられるのか、今も見通せません。

そもそも現時点で計画されている社会保障サービスは、本来なら2017年4月に消費増税を予定通り実施することを前提に財源の手当てが見込まれていました。その消費増税を先送りするなら、本来なら歳出もあきらめなければいけないものが出てくるはずです。

八代尚宏・昭和女子大グローバルビジネス学部長は「一刻も早く年金の支給開始年齢を

引き上げて給付を抑え、年金課税を強化すべきだ」と主張しています。「年金には、将来の給付費と比べて800兆円の積み立て不足があり問題はきわめて深刻だ。こうした問題を解決するには消費税は20％でも足りないくらいです」と言います。

2019年10月に延期された消費税率10％への引き上げも、消費増税に後ろ向きな安倍政権では再々延期される可能性が少なくありません。しかし、こんどばかりは延期はできないと思います。もちろん、消費税ばかりでなく、あらゆる税を総合的に駆使して、歳入を増やさなくては、超高齢社会の社会保障は支えきれなくなってしまいます。たとえば法人税では税率を引き下げるばかりでいいのか。多くの企業に公平かつ適正な負担を求め、税収増を進めることも検討すべきでしょう。所得や資産の格差が開いている現状から言えば、金融資産課税や相続税の増税も必要です。

空気に拘束されない解決策を

歳出面では、社会保障以外の分野では正直言ってあまり大きな削減余地がありません。やはり毎年度32兆円もの政府予算がある社会保障の分野でこそ、歳出改革が必要です。とりわけ医療や介護でもっと効率的な予算の使い方ができないか知恵の絞りどころです。

とはいえ、たとえば高齢者に負担増やサービス削減のような〝痛み〟を求めれば、反発が強まるでしょう。痛みを求める政策は実施がとても難しいものです。

これに対し、アベノミクスというのは、表面的には「気楽な政策」です。そこに賭けても、当座は誰にも痛みがなく、負担も生じないように見えるからです。いまの日銀による巨額の国債買い入れは、事実上、財政への協力になっており、「財政ファイナンス」と見られてもおかしくありません。そのようなタブーに踏み込んでいても、これまで国債が暴落しなかった理由の一つは、日本政府に財政健全化の意思がある、という信認がかろうじて市場にあったからです。ところが安倍政権が消費増税を2年半先送りしたことは、その信認を大いに傷つけるものでした。

山本七平は、日本海軍が敗色濃厚ななかで、無謀と知りつつ戦艦大和を出撃させたのは、論理や主張を超えた〝空気〟によるものだったと指摘しています。そして論理的に解決策を追究するには「空気に拘束されることが障害になる」と断じています。

その「障害になる」ことがいま、私たちの目の前で起こっています。「アベノミクスでどうにかなる」と期待する人も、何かおかしいと感じながら「とりあえず結論は先延ばし」という人も、どちらも空気に拘束されていることに変わりありません。積極的にせよ消極的にせよ、いま私たちは無謀と知りつつ「戦艦大和」を再び前線に送り出しつつあるのです。苦しく、痛みのある決断から一時でも逃れられるなら空気に流されたい——。そう思うのは人情です。ただ、往々にしてそれは真の解にはなりません。そのことを私たちは歴史から学ぶ必要があるでしょう。

4　勝算ゼロで「一発」に賭けた旧日本軍

日本人の一発屋体質は近年始まったものではなさそうです。歴史をさかのぼれば、「大東亜戦争」における日本軍もまた、軍事力や国力の劣勢を「一発」で逆転し、勝利を収められるという甘い見通しを立てていました。そのことは、旧日本軍の惨憺《さんたん》たる敗戦から現代社会にも通じる組織としてのあり方を研究した著、先にも触れた『失敗の本質』でも、よくわかります。

この書によると、節目、節目の大きな作戦には、それぞれ失敗するだけの理由、原因がありました。たとえば、情報の貧困と戦力の逐次投入で失敗した「ガダルカナル作戦」、作戦目的があいまいで大本営と現地軍との認識のずれが大きかった「沖縄戦」といった具合です。なかでも最初から成功の見込みがまったくなく、「しなくてもよかった作戦」とまで言われた「インパール作戦」は第2章でも採り上げたように、まったく愚の骨頂でした。

『失敗の本質』の著者、戸部良一・防衛大教授や野中郁次郎・一橋大教授ら6人はこうした数々の作戦を分析し、当時の日本軍と米軍の組織のちがいを比較しています。たとえば、米軍が「長期決戦」を想定していたのに対し、日本軍は「短期決戦」を描いていました。まるで短期決戦でインフレ目標の2年での達成をかかげた現代の日本銀行の金融政策にも通じるところがあります。

ほかにも、米軍の作戦の目的は「明確」だが日本軍は「不明確」。米軍が実施した作戦を「結果」で評価したのに対し、日本軍は「動機やプロセス」を重視し、結果を厳格に問いませんでした。軍事技術も米軍は「標準化」に取り組んで戦闘機などの大量生産を可能にしました。日本軍はあくまで大艦巨砲に頼る「一点豪華主義」であり、戦艦大和や戦艦武蔵をうまく活用できないまま失う結果となりました。いま両軍の特性をこうして見比べると、日本軍は負けるべくして負けた、と言わざるをえません。

それどころか、日本が対米開戦した決断そのものが、インパール作戦と同様に、どう考えても勝利の見込みのない「しなくてもよかった戦争」だったという疑いが浮上します。エネルギーアナリストの岩瀬昇氏による『日本軍はなぜ満洲大油田を発見できなかったのか』（2016年）で、その問題が扱われています。

開戦前にいくつかの戦力調査の一環としておこなわれた日米経済力調査では、日米の工業力の差は重工業で1対20、化学工業で1対3と分析され、この差を縮めることは不可能だと断じられたそうです。この差が意味するものは、戦争期間中のあらゆる戦闘で、米軍には壊滅的な打撃を与えつつも、日本軍の損害は常に5％以内にとどめなければならない、という結論だったそうです。報告書は陸軍、海軍の大臣や幹部、それに近衛文麿首相にも報告されたそうですが、戦争突入の決意をすでに固めていた政府や軍首脳の考えは、それでも覆りませんでした。

当時の政府・軍首脳部の思考はまさに「一発屋」そのものだったと言わざるをえません。神風が吹けば、運が良ければ、日本軍の作戦が当たりまくれば、万が一にも米軍に勝利できるかもしれない……。国民の命と国富を総動員したこの〝国家的ギャンブル〟は何の裏付けも理論も、成功の見込みもないまま始まったのです。かつておこなわれたこのような国家行為が、いまおこなわれていないと誰が言えるでしょうか。

5　世界的な「一発屋ブーム」

世界の国々でトリックスターたちが相次いで政治の舞台に登場してきました。大きな話題になったのは米大統領選で共和党候補となったドナルド・トランプ氏でした。英国で欧州連合（EU）からの離脱を決めた国民投票で離脱派の立役者となったボリス・ジョンソン氏も大いに注目を集めました。物語のなかで、事態を混乱させるような悪戯《いたずら》をする役回りを「トリックスター」と呼びますが、まさに彼らこそ政界のトリックスターであり、見方を変えれば「一発屋」です。

ほかにも、これまでの各国の政治シーンで主役とは言えなかった政治家たちが、ここしばらくは舞台の中心に躍り出てきそうなムードです。フィリピンでは「アジアのトランプ」とも言われるロドリゴ・ドゥテルテ大統領の暴言が問題になっています。欧州各国では「反移民」を掲げる右派政党や既存政党を否定する新興勢力が台頭しており、今年から来年にかけておこなわれる選挙で政権をうかがう政治家も少なくありません。たとえば、フランスのマリーヌ・ルペン国民戦線党首、オランダのヘルト・ウィルダース自由党党首らです。

彼らの主張は一様ではありません。ただ、共通しているのは伝統的な政治勢力のなかから出世したのではないこと、これまでの政治の流れをくんだ政権をつくろうとしていないこと、そして何より大衆迎合的で、大衆扇動的なことです。

世界で最も豊かな国とされる米国で、トランプ氏のようなトリックスターが共和党の大統領候補になるということは、これまでの常識からすればあり得ませんでした。トランプ氏は移民を「犯罪者」呼ばわりし、「メキシコとの国境に壁を造る」などと、多くの人が眉をひそめるような言動を繰り返してきました。そんなとんでもない主張をしながらも、大統領候補の地位を獲得しました。

それが現実となったことに、米政界はショックを受けたようです。伝統的に共和党支持をしてきた新聞各紙も、相次いで「反トランプ」の社説を掲げました。そのなかでトランプ氏の支持層となっていたのは地方に住む白人男性層です。かつて「中流層」と言われた人たちが「自分たちは取り残されている」と不満を募らせ、反エリート、反ワシントンを煽るトランプ氏に引き寄せられたのです。

一方で、米大統領選の民主党予備選ではみずからを「社会民主主義者」と名乗るバーニー・サンダース氏に多くの支持が集まりました。予備選では1300万人の票を獲得しました。大きな支持です。彼を躍進させたのは、高額の授業料負担に苦しむ学生、貧しい移民出身の人々でした。米国ではいまや、ひと握りの富裕層に富が集中しており、格差拡大に対する不満がサンダース氏の躍進の原動力となりました。思想も背景もちがいますが、「既存政治の否定」「現状への不満」というエネルギーを支えに躍進したという点で、トランプ支持とサンダース支持には共通するところがありました。

世界のどこも低成長化

EU離脱をめぐって世論が真っ二つに割れた英国でも、根強い対立軸が残りました。ロンドンと地方、若者と中高年、高所得者と低所得者……などです。英国で大衆の不満が募った最大の理由は「移民問題」です。ポーランドなどから大量に押し寄せている移民が英国民の雇用を奪っている、という主張でした。

トリックスターたちを一斉に躍進させたのは、「格差拡大」や「移民」をめぐって既存の政治が無力だという人々の不満や怒りでした。それがもたらす社会の分断でした。

その背景にあるのが、世界経済の低成長化です。2008年に世界経済危機（リーマン・ショック）が起きてから、世界で成長力が落ち込んでいます。先進国の「長期停滞論」が取り沙汰されています。急成長してきた新興国でも成長減速が目立ちます。誰もが成長の果実を得られる状況でなくなったとき、大衆は既存の政治に不満を募らせます。そこに「私ならすべて変えられる！」と主張する政治家が登場すると、その言葉に頼りたくなる。そんな傾向が世界各国で強まっているのではないでしょうか。

世界の「一発屋」たちが政権を取り、その主張が政策に反映されたとしても、おそらく格差や移民という問題を根本的に解決することはできないでしょう。一発屋たちはいずれまた中心舞台から消えていく運命だと思います。

こうした世界的な潮流は、日本には来ないのでしょうか？

いや、日本ではむしろ一足早くそういう事態が訪れたと見るべきでしょう。リーマン・ショック直後の２００９年に政権交代によって生まれた民主党政権は、まさにその一つです。格差拡大に対する不満の広がりに、民主党は給付金のようなバラマキ策を掲げ、財源は予算の無駄を削減して捻出すると公約しました。しかし大半の公約は実現できず、国民の不興を買って、３年余りで政権から離れなければなりませんでした。

そして２０１２年末に誕生した安倍政権も「一発屋」的な装いで登場しました。政権交代の総選挙で、「デフレ脱却のために日本銀行に輪転機をぐるぐる回して紙幣を刷らせ、そのお金で建設国債を買わせてインフラ整備の財源を捻出する」と訴えたのです。まるで「経済政策に魔法のツエはある」と宣言したようなものです。国民に負担を求めずに、日本経済のバラ色の未来を実現するというのです。それが「アベノミクス」でした。

それから4年近くたち、アベノミクスに対する一時の熱狂的な支持はずいぶん冷めてきたとはいえ、いまも賛否は割れています。アベノミクスが抱えるリスクはすぐに顕在化しないため、いまもリスクの存在が国民に広く理解されていません。

角栄ブームの意味

最近の巷《ちまた》では田中角栄ブームです。石原慎太郎・元東京都知事が書いた田中元首相を主人公とする小説『天才』はベストセラーに。ほかにも「角栄本」の発刊が目白押しです。元首相がロッキード事件で逮捕されてから40年の節目だということもありますが、元首相がまとめた「日本列島改造論」で日本が高い成長を謳歌した時代への郷愁や、田中元首相のようなカリスマ待望論のようなものもあるかもしれません。

佐々木毅・元東京大総長はこの現象にこんな疑問を投げかけています。

「田中角栄関係の本がブームになっているのは理解できない。政治には景気のよい話を作る能力があると思っているのだろうか。田中に代表される高度成長へのノスタルジーだろうか。私にはアナクロ的で、そこに進歩は認められない」（「読売新聞」2016・7・27）

表れ方こそ違え、世界中で社会への不満や政治不信が広がり、トリックスター政治家がもてはやされる時代となっています。この世界的な「一発屋ブーム」との共通点もありそうです。

6　国家が衰退するとき

将来のノーベル経済学賞の有力候補であるダロン・アセモグル米マサチューセッツ工科大教授が、政治学のジェイムズ・ロビンソン米ハーバード大教授と書いた『国家はなぜ衰退するのか――権力・繁栄・貧困の起源』（2013年）は、国家に必要な経済政策について考えさせてくれる歴史的データが満載で、大きな話題を呼びました。世界には豊かな国と貧しい国があります。ではその差がどこから生まれるか？　彼らはそんな素朴で深遠な問いを投げかけたのです。

著者たちは15年かけ、英国の名誉革命や日本の明治維新など世界各国の過去300年の歴史を「制度」という視点から解釈し直しました。ようやく2人が達した仮説は「国家の経済的な命運は経済的な制度が決める」というものでした。

これまで国家間の格差を決める要因としては、進化生物学者のジャレド・ダイアモンドらが提唱する地理説、信仰や風習などの文化的要因説、遺伝的要因説、経済学者に支持が多いという為政者無知説などがありました。アセモグル教授らはこれらの諸説をいずれも退けたうえで、実証研究を通じて、豊かな国には「自由で公平、開放的な経済制度」があることを浮かび上がらせます。所有権が守られていて、分配ルールが確立している社会では、技術革新が起きやすくなります。そうなると新産業も勃興しやすくなるのです。

さらにそうした経済制度を決めるものは、その国の政治制度です。豊かな経済をつくりあげたとしても、法の支配や政権交代が可能な民主制度の支えがなければ、結局それを維持できず、国家は衰退してしまうからです。その見解に従うなら、中国の国家資本主義の未来はそれほど明るいものではない、ということになります。これまでは著しい成長がありましたが、民主化されていない政治制度のもとでは成長の持続、新産業の勃興は望み薄だからです。

一方、日本の戦後は、アセモグル教授らがあげる成長のための諸条件が比較的整えられていた、ということなのでしょう。しかし、日本の政治制度、経済制度もバラ色の国家の未来をなんら保証するものではありません。いや、むしろ最近ではその弊害や問題点が目立ってきたと言ってもいいのではないでしょうか。

大問題、日銀の政府機関化

同書の問題意識を念頭に、昨今の日本で気になる点をいくつか挙げてみたいと思います。

第1に、制度上はともかく、実態は政権交代が可能な政治状況ではない、ということです。2016年7月の参院選で自民党・公明党の与党は大勝し、改憲に賛成する勢力を合わせると3分の2を超えました。衆院ではすでに3分の2を超えています。改憲の是非はともかくとして、現状では安倍政権が圧倒的な勢力で政策を遂行することが可能になっています。かつて55年体制と言われたころの自民党も巨大与党でしたが、当時は党内に有力派閥をいくつも抱え、党内の権力闘争によって疑似政権交代のようなことが起きていました。

いまの小選挙区制度のもとでは、同じ選挙区で自民党から2人立つことはできず、派閥の力が弱まっています。政権交代もなく、自民党内の疑似政権交代も起きにくい安倍政権のもとで、アセモグル教授らの唱える「自由で公平、開放的な経済制度」のイノベーションが進められるかどうかという点で、疑問がわきます。

第2に、安倍政権がいま進めている日銀の「政府機関化」の問題があります。先進国の中央銀行は政府からの〝独立性〟が保証されています。それは長年の経験から、時の政権に都合のいい金融政策をしないほうが長い目で見ると国家経済にとっては好ましい、という経験則があったためです。

ところが安倍政権は日銀の金融政策を政権の意に沿うようにさせようと、かなり露骨に人事介入をしています。

日銀審議委員は国会同意人事ですが、実際に国会に諮る人事案は政権が決めています。このような日銀の体制では政府機関化が進み、もはや独立した判断で金融政策が運営されるかが怪しくなっています。

前掲の『国家はなぜ衰退するのか』でも、中央銀行をないがしろにした結果、改革に失敗するラテンアメリカ諸国やアフリカ諸国の例が登場します。いわく――

「改革が導入された場合でさえ、本来の意図が台無しにされたり、政治家がほかの手段を使って改革の矛先を鈍くしたりした。そうしたすべてを物語るのが、マクロ経済の安定を達成するための国際的学術組織の重要な勧告の一つ、中央銀行の独立の〝実行〟だ。この勧告は、理論上は実行されても実践が伴わなかったり、ほかの政策の利用により実効力が弱まったりした。（中略）世界中の多くの政治家が税収入よりも多い額を消費し、その差を埋めるために中央銀行に紙幣を刷らせていた。そのせいで引き起こされたインフレが、不安定性と不確実性を生んだ」

ジンバブエのハイパーインフレの話はすでにしましたが、同国のムガベ大統領は国際的な助言に耳を傾け（たように見せて？）、1995年にジンバブエ中央銀行の独立を宣言しました。しかしその後、同国のインフレ率はどんどん上がり、8年後に600％、13年後には2億3000万％に達したそうです。この事例からも、制度としての「独立性」はもちろん必要なのですが、もっと大事なのはそれを守ろうとする政権の姿勢だということがわかります。

昨今、効率が悪い民主主義、政府の意に沿わない頑固な中央銀行への批判が絶えません。しかし、それらは長い目で見るなら、豊かな経済社会の礎を築くのに必要な機能なのです。

しかし、これまで豊かな国にしてくれた社会制度が、これから先もより豊かにしてくれるとは限りません。絶えず制度や体制の欠陥を修正し改善していかないと、次の半世紀は「なぜ衰退したのか」の事例にされてしまうことだって十分あるのです。

7 「ミダス王」とデフレ経済学者

「デフレ経済」研究で世界最先端をいく経済学者といえば、大阪大の小野善康・特任教授です。かれこれ20年以上も消費が縮小する成熟社会について研究し、その原因や理由、対策を考えてきました。しかし、小野教授の研究に対して世界の経済学界の関心は残念ながら高いとは言えませんでした。

それには理由があります。いまでこそ物価が下がる「デフレ」や、物価が上がりも下がりもしない「ディスインフレ」という現象は世界共通の問題として意識されるようになりました。しかし、ほんの数年前まで、世界の経済学者たちはこの問題にまったくと言っていいほど向き合ってきませんでした。なぜならこの半世紀というもの、先進国の政府や中央銀行が戦ってきた相手は「インフレ」であって、「デフレ」ではなかったからです。多くの学者はインフレしか経験がなく、インフレが組み込まれている経済モデルを当たり前のように使って経済理論を組み立ててきたのです。

だから、日本で1990年代のバブル崩壊、金融危機を経て、物価が少しずつ下がり続けるデフレ状況に陥ったとき、世界の経済学者たちは「日本特有の問題」と見て、研究対象とはみなしませんでした。生産年齢人口が減少し始めた社会、世界最速で超高齢化が進む国、巨大なバブル崩壊の後遺症、金融危機の負の遺産、そして政府や日本銀行の不作為と政策の失敗……。日本という特殊社会が三重苦、四重苦にさいなまれて、世界でも特殊な経済危機に見舞われたのだと考えられてきたのです。

風向きが変わったのはリーマン・ショックのあとでした。世界中が深刻な経済危機に見舞われ、どの国もめいっぱいの財政出動と金融緩和の対策をとりました。なんとか危機は乗り越えたものの、どの先進国も低成長から抜け出せなくなったのです。巨大な消費大国の米国でさえ最近は成長ペースがゆるやかになり、消費や投資も伸びが小さくなっています。欧州に至っては、日本の「失われた20年」と同じように長期的な停滞の可能性が強くなっています。こうなるとデフレは世界共通の課題ということになり、経済学の研究対象としても俄然注目が集まってきました。

人々の興味はモノから資産へ

小野教授は、最近の日本経済や経済政策をどう分析しているのでしょうか。朝日新聞大阪本社版、朝日新聞デジタル版で連載中のコラム「ミダス王の誘惑」で解説しています。日本が低成長や低インフレに陥った理由については「日本経済が大きく成長して物への欲求がかなり満たされ、人々の興味が物より資産を増やすことに関心が移った」と指摘しています。

人々がモノを買いたいという欲求をもっている時代には、不況は一時的なもので終わりました。ところがそうではなくなったとき、どんな経済対策をしても、人々にモノを買う気がないのだから消費は喚起されず、不況は長期化します。これが日本をはじめ、昨今、先進国各国で起き始めている現象だというのです。

こうなると、インフレ経済のときと同じ発想では、不況の処方箋も誤ってしまいます。安倍政権が最近打ち出した財政出動や消費増税延期について、小野教授は「まちがった前提に立つ対策で、効果は期待できない」と指摘しています。日銀が人々のインフレ期待を生むために実施している量的緩和などの金融緩和策は「円が信用を失い紙くずとなれば、誰も物を円と交換したくなくなるから、狙い通りインフレが起こる。しかし、このインフレは悪性で、消費を喚起しない」「円が信用を失って起こる悪性インフレでは、人々は物の購入ではなく、資産の保全に走る。資産は土地や株式、地金、外貨建て資産に逃げるだけで、物を買うどころではない」と分析しています。

デフレには、財政出動や超金融緩和で一挙に問題を解決してしまおうという「一発屋」的な対策は効かないということでしょうか。では、小野教授が提唱するのは何かと言えば、最大のポイントは「お金をいかに使うか」に知恵を絞ることです。

日本がまだ貧しかった戦後しばらくなら、お金の使い道はいくらでもありました。どの家庭にもほしいモノがいっぱいありました。しかしモノがあふれ、どの家庭にもたいがいのモノがそろってしまった現代では、「お金を使うのに知恵や努力がいる」というのです。

もっと文化的な生活を営むために、心を豊かにするために、自然を満喫できる山や海、公園に出かけるのでもいいし、絵画や音楽を楽しむのに美術館やコンサートホールに行くのもいいでしょう。あるいは、より高水準の介護や保育のサービスを受けられるようにするということも考えられます。

新しい、消費の価値と魅力

そのために政府が手がけるべきは、給付金のようなかたちで現金をばらまくことでなく、介護制度や保育所の整備をしたり、自然の景観を守り、人々がそうした価値を満喫できるような快適な施設を整備したりと、「現物」で提供することが大事、というのが小野教授の提案です。それによって消費者が新しい消費の価値や魅力に気づき、お金を使うようになるかもしれません。新たに生まれた消費市場には、新たな雇用が生まれるはずです。

ちなみに小野教授のコラムのタイトルで使われている「ミダス王」は、ギリシャ神話に登場する王様です。神に頼み、自らが触れたものをすべて黄金に変えてしまう能力をもつのですが、食べ物に触れても黄金になってしまうので何も食べられなくなってしまいました。小野教授は「現代の人々もミダス王と同じ罠にはまっている」と言います。お金を蓄えることばかりに熱心だが、その分、生活の不自由に耐えている。それが結果的に世の中の仕事を減らし、より経済をさえないものにしている、というのです。

日本人がまさにその罠にはまっている証拠に、日本人1人当たりの家計金融純資産は世界第3位と金持ちなのに、1人当たりGDPは1990年代の3位から、いまや30位くらいまで後退しているのです。使わないお金ばかり貯めているけれど、いまを生きる私たちはより貧しい暮らしになっている、ということではないでしょうか。

デフレ経済の対処には、少なくともアベノミクスの「バブル経済よもう一度路線」ではまったく処方箋にならないということでしょう。

8 「長期停滞」のなかで生きる術《すべ》

いま国民にとって最大の不安は、不足する社会保障予算が私たちの老後を脅かすのではないかということです。これは一朝一夕で解決できる問題ではありません。増税や保険料負担の増加といった国民負担増が必要ですし、これまでは膨らむ一方だった社会保障サービスの効率化に取り組んで、予算を抑制、場合によっては削減しなければなりません。

高齢者人口が増え、介護需要が急増するというのに、介護職員はまったく足りません。たいへんな仕事のわりに賃金が安いから人手が集まらないのです。保育所不足、保育士不足も同じです。需要はあるのに供給が足りない。これは社会制度の設計がどこかおかしいのです。古いままの制度が、今という時代に適合していないのです。これこそ経済学で言うマーケットデザインの手法を駆使して、解決していかねばならないテーマです。

日本では生産年齢人口の減少の問題が心配されています。すでに足もとでも、団塊の世代のリタイアによって人手不足が顕在化してきています。「だから移民を受け入れよ」という意見が経済界からは出ています。それも一つの考えでしょう。ただ、解決法はそれだけでしょうか。いまロボットや人工知能（ＡＩ）の開発が進み、それが人間の多くの仕事を奪うのではないかという懸念が出ています。それも大変な問題ですが、生産年齢人口の減少が課題の日本では、むしろロボットやＡＩによる労働の代替ができることは「チャンス」にもなるのではないでしょうか。

昨今、中国企業や韓国企業に押され気味と言われる「ものづくり」の世界ですが、まだまだ健在の企業も少なくありません。これまでにも超円高の危機を何度も乗り越えてきたトヨタ自動車は、海外生産もかなり増やしたとはいえ、国内の生産拠点を守り続ける道を選びました。国内の技術陣や工場労働者の生産性の高さを信じ、国内工場を海外の先駆けモデルとなる「マザー工場」と位置づけ、いまも世界一の競争力を維持しています。

筑波大学発のベンチャー企業、サイバーダインが開発したロボットスーツは世界でひとつしかない技術を応用しています。海外の軍需産業から引く手あまたでしたが、山海嘉之社長は民生利用にこだわりぬき、まずは歩行困難な患者のトレーニング機器として実用が始まりました。今後、力仕事が必要な建設や介護などの現場に導入されるようになれば、1人当たりの仕事量が大幅にアップして、人手不足をカバーできるようになるかもしれません。そういう知恵や技術の芽をたくさん育て、どんどん活用していきたいものです。

社会制度の大変更を

発想を変えれば、人口減少や超高齢化をむしろ日本の強みに転じることだって、できないわけではありません。ただ、そのためには社会制度の大きなデザインの変更が必要です。長い時間と多くの知恵、マンパワーが必要です。政府はそこに大きな資源を投入すべきだと思います。そういうことこそが日本の喫緊の課題だと思うのですが、アベノミクスという「一発芸」はそういう政策努力をむしろ後回しにさせてしまっている気がします。アベノミクスはマクロ経済政策そのものとしても大きな危険をはらんだ政策ですが、そちらの意味でも罪深いのです。

とはいえ、いまや、そんな一発屋体質の政治は安倍政権の専売特許ではなくなっています。世界を見回せば、各国の政治シーンに多くの一発屋政治家が台頭しています。その結果、地道な経済運営、財政運営を重視せず、大衆迎合的な政策を掲げる人気取りが横行しています。その背景には世界経済の成長力の鈍化があるのでしょう。かつてと違って分配できるパイの数が足りず、配分システムそのものに対して不満がたまっている人々が世界中に増えているのです。

ローレンス・サマーズ元米財務長官が唱える先進国経済についての「長期停滞(Secular Stagnation)論」は、その経済学的なメカニズムが検証されているわけではありませんが、現象として先進国がいずれも長期停滞に陥ったということには多くの政策当局者や学者も賛同しつつあります。長期停滞は日本経済だけでなく、このところ欧州経済でも顕著であり、もっとも経済状態が良好な米国でも景気回復のテンポに力強さがないからです。10年以上前に私たちが当然だと考えていた「世界経済の常識」も「経済学の常識」も、〝常識〟ではなくなったと考えたほうがいいでしょう。

世界経済が長期停滞に陥るのは、歴史を俯瞰《ふかん》してみれば、自然なことなのかもしれません。世界の人口はいま73億人。200年間で7倍になりました。2050年には90億人、今世紀中に100億人を超えると見られています。これほどのペースで人口が増えてもこれまでの経済水準を維持していれば、食糧や水、エネルギーが足りなくなるのは必然です。

「成長教」の呪縛を断ち切る

かつて経済学者トマス・マルサスが予測した人口増による食糧危機は、化学肥料などで穀物生産力を革新的に向上させたことで幸運にも的中しませんでした。その成功体験から人口がますます増えることになっても技術革新で乗りきれるという楽観論を生んでいると感じます。とはいえ穀物に過剰に依存する人類の食料事情は心もとないものがあります。穀物が病害などで凶作となればどうなるでしょうか。地球温暖化などによる異常気象がもたらす環境変化が、著しく農業環境を変えてしまう恐れもあります。それでも世界はこの難題に向き合えていません。その背後には「人口増なくして成長なし」という成長至上主義の呪縛があるのではないかと思います。これはもはや「成長教」と言ってもいい。それほど日本中に、そして世界中で人々の心に巣くってしまった考え方です。

この成長教とは一線を画し、新しい目標を、新しい価値観を人々の心に築いていくことがいま政治には求められているのだと思います。しかしそんな面倒くさくて、手間がかかって、なかなか選挙民が振り向いてくれないテーマに一生懸命になれる政治家はそうそういません。だから政治家がすぐ飛びつくのは、財政出動や金融緩和という、すぐに結果が見える（ような気がする）政策です。構造改革や成長戦略の大切さもしばしば説かれますが、本当に大事な構造問題に取り組む例はきわめてまれです。

「たいがいの政権が打ち出す成長戦略は〝打ち上げ花火〟のようなもの」と、ある経営者が指摘してくれました。どういうことかと言えば、どんな政権も成長戦略をやりたがるけれど、それぞれの施策を打ち上げても、一瞬その花火は輝き、周囲も明るくなるが、あっという間に散って、あたりはすぐに真っ暗になる、ということです。つまり、将来に何も残らない、その場限りの人気取り政策を毎度毎度、お為《ため》ごかしにやっているだけというのです。まさにその通りだと思います。

国家財政の未来を真剣に心配している元衆院議員の与謝野馨さんがインタビューで、「いま官房長官だったら安倍首相にどんな助言をするか?」と聞かれ、こう答えています。与謝野さんは数多くの大臣を経験していますが、第1次安倍政権では官房長官でした。

「安倍さんは50%前後の支持率という政治的財産をお持ちです。その財産を日本の将来のために使わなければ意味がないと進言します。『一時しのぎの金融政策を行い、借金をためるばかりで難しい問題に自分の政権では手をつけない』ということではなく、日本の将来のために使わねば意味がありません。国家百年の計としての基礎体力づくりをするべきです。教育に始まって、社会的な寛容さ、基礎研究の実力向上、大学の充実など様々なことがあります。一朝一夕にできるものではなく、忍耐と継続こそ解決の鍵です」
（「朝日新聞」2016・6・17）

こういう真っ当なことを主張する現役政治家が少なくなっているのはたいへん心配です。政治家に問われる資質は、経済や財政に精通しているかどうかだけではありません。どれほど強い政権に対してであっても、当たり前のことを当たり前だと言い、今やっていることはおかしいと批判できる覚悟が必要です。

国家の運営というものは囲碁に通じるところがあります。いや囲碁というゲームが国家運営に似せて作られたということでしょうか。その囲碁の第一人者である井山裕太名人（この時点で7冠）が日本記者クラブでの講演（2016年5月16日）で、人工知能がトップ棋士を破った問題について語るなかで、人間に残された強みは「大局観」だと強調していました。目先の局面に躍起になるのでなく、もっと広い視野、大きな構図で盤面を捉えて、ずっと先を見通した布石を打っていくことが大切なのだということでしょう。政権運営も国家財政にも同じことが言えるのではないでしょうか。

巨大な成功体験に引きずられた「夢よもう一度」でバブル狙いのギャンブル政策を打つのでなく、子や孫の世代にもつながる財政と社会保障を確立し、地道に経済の基盤を育てていくこと、それこそが長期停滞の時代に生き残っていくために必要な条件となるはずです。

おわりに――「財政破綻」という怪獣

一時期、「映画『シン・ゴジラ』を観たか」というのが政治家や官僚、記者の間で時候のあいさつのようになったことがありました。観ていなければ、「必ず観るべし」と助言されたものです。この映画はゴジラという怪獣を描いた作品ですが、実は、危機に弱い首相官邸を描いた社会派作品だと感じた人も多かったようです。東日本大震災と福島第一原発事故での政府の危うげな対応を思い出した人も少なくなかったのでしょう。

映画では、謎の巨大生物が東京湾に出現し、混乱した官邸を描いています。そこで首相も官房長官も、官僚たちも、誰もが見当外れの形式的な発言しかできず、本質的な対策に踏み出せません。事実を虚心に認められず、危機がかなり深刻になるまで、みなが楽観論に寄りかかろうとするのです。

同じことが目の前の経済政策でも起きています。国債乱発の放漫財政と、紙幣を刷りまくる尋常ならざる金融緩和。そこから「財政破綻」という怪獣がどんどん巨大になっているというのに、表面的な平穏に甘え、問題に真剣に向き合おうとする者が政界にはほとんどいません。どこかから〝ゴジラ〟退治のヒーローが現れ、一撃でやっつけてくれる、などと期待しているわけではないのでしょうが……。

その点で、映画が描いた結末はかなり誠実なものでした。危機はヒーローの一撃で落着するのでなく、たくさんの犠牲を出しながら、人間の知恵や技術、多くの人たちの地道な作業の積み重ねでなんとか収束するのです。いまを生きる私たちも、目の前の偽りの安定に甘え、神風の到来を待ちわびてばかりはいられません。そのための警鐘に少しでもなれば、との思いで本書を書きました。

本書出版のきっかけとなったのは朝日新聞の夕刊連載「バブルをたどって」です。本書でも一部掲載しています。連載の担当デスクだった岸善樹氏には着想段階から多くの助言をいただきました。私がいまも執筆している朝日新聞経済面コラム「波聞風問」からも引用しています。コラムの担当デスクである平野春木経済部長代理はじめ経済部の同僚たちには、ふだんから問題意識の醸成のため、活発な議論につきあってもらっています。

朝日新書編集長の宇都宮健太朗氏がいなければ本書はできませんでした。アベノミクスとバブルの危うさをどう描こうかと打ち合わせをしていたとき、「一発屋」という斬新なキーワードと発想を与えていただき、本書のイメージができました。執筆過程でも適切なアドバイスをいただき、どうにか出版にこぎつけることができました。心より感謝いたします。

2016年10月

原　真人

原　真人 はら・まこと

1961年長野県生まれ。早稲田大学卒。日本経済新聞社を経て88年に朝日新聞社に入社。経済記者として財務省や経産省、日本銀行などの政策取材のほか、金融、エネルギーなどの民間取材も多数経験。経済社説を担当する論説委員を経て、現在は編集委員。著書に『朝日新聞記者が明かす経済ニュースの裏読み深読み』(朝日新聞出版)がある。

朝日新書
591

日本《にほん》「一発屋《いっぱつや》」論《ろん》

バブル・成長信仰・アベノミクス

2016年11月30日第1刷発行

著　者　原　真人

発行者　友澤和子
カバーデザイン　アンスガー・フォルマー　田嶋佳子
印刷所　凸版印刷株式会社
発行所　朝日新聞出版
〒104-8011　東京都中央区築地5-3-2
電話　03-5541-8832（編集）
03-5540-7793（販売）

Published in Japan by Asahi Shimbun Publications Inc.
ISBN 978-4-02-273691-8
定価はカバーに表示してあります。